TAREK LEITNER AUGENBLICKE DER REPUBLIK

Tarek Leitner

Augenblicke der Republik

Ein persönlicher Streifzug durch die Geschichte Österreichs

Brandstätter

INHALT

Noch einen Augenblick, bitte ...

BEIM GEBURTSTAGSFEST eines älteren, lieben Bekannten kam ich mit ihm über die Arbeit an diesem Buch zu sprechen. Wir standen in seinem gediegenen Wohnzimmer vor allerlei Historienmalerei in Öl. Das Feuer im offenen Kamin verströmte behagliche Gemütlichkeit. Er erzählte mir, sein Alter vom Zeitpunkt der Geburt immer auch zurückzurechnen. Mir war nicht gleich klar, was er damit meinte. Die Verwandlung der Welt seit seiner Geburt bis zur Gegenwart müsse doch ebenso tiefgreifend sein wie jene in derselben Spanne an Jahren vor seiner Geburt, erläuterte er mir. Der Unterschied sei nur: Im gelebten Leben merken wir viele Veränderungen nicht so deutlich, sind wir doch tagtäglich mit ihnen konfrontiert. Sein rückwärts errechnetes Alter, das nicht gelebte Leben in die Vergangenheit hinein, katapultiere ihn mittlerweile ins 19. Jahrhundert. „Ich bin schon im Jahr 1899", sagte er beim Nippen an seiner Sektschale, die gut in diese Zeit gepasst hätte, wie ich insgeheim dachte.

Als ich diese Berechnung für mich selbst anstellte, musste ich immerhin schon bis in die Erste Republik zurückrechnen. Den Alterungsprozess als Zeitstrahl zu betrachten, der vom Geburtszeitpunkt ausgehend in zwei Richtungen verläuft, ist ein lehrreiches und zuweilen launiges Gedankenspiel. Es führt vor Augen, dass sich die Dinge zu Lebzeiten unbemerkt ganz ähnlich tiefgreifend verändert haben wie in derselben Zeitspanne in der Vergangenheit. Oder umgekehrt, dass trotz des Eindrucks großer Umwälzungen die Veränderungen eben doch nicht so bedeutungsschwer sind, wie wir vielfach meinen.

Zu ergründen, wo zwischen diesen Polen die Wahrheit liegt, nimmt sich dieses Buch nicht vor. Außerdem ist mir die Wahrheit ein viel zu großer Begriff. Er gehört der Wissenschaft. Sie verändert diese Wahrheit, wie wir in einem der nachfolgenden Kapitel lesen werden, immer wieder durch neue Entdeckungen. Mir genügt es, die Wirklichkeit darzustellen. An sie werden nicht so strenge Maßstäbe angelegt. Sie reicht dem Journalisten als Erkenntnis.

Die auf den folgenden Seiten dargestellten Augenblicke der Republik sind subjektiv ausgewählt. Und doch liegt dahinter die Idee, dass die erzählten Begebenheiten und Überlegungen relevant für das Leben in diesem Land sind. Ist die Republik, wie wir sie kennen, Mitte der 2020er-Jahre an einen Wendepunkt gelangt? Oder entwickelt sich alles nur vom einen ins andere fort, wie es die Zeit eben so mit sich bringt? Es ist Geschichte aus einem Gegenwartsinteresse betrachtet. Viele Themen der österreichischen Gegenwart haben ihre Parallele oder ihre Vorgeschichte in den mittlerweile acht Jahrzehnten der Zweiten Republik – und manchmal noch früher. Und alle Themen verdichten sich in einem Augenblick, in einem Foto. So gesehen, ist das Buch ein Bildband – ordentlich durchkreuzt allerdings von überbordenden Bildtexten.

Der persönliche Streifzug, den wir durch diese Bilder und durch die Zweite Republik unternehmen, speist sich aus historischen Begebenheiten und persönlichen Erlebnissen. Manche Erlebnisse schimmern nur noch schwach aus frühen jugendlichen Eindrücken durch, etwa jene an der Systemgrenze am Eisernen Vorhang. Andere Begebenheiten, wie die Transformation unserer Demokratie in eine Mediendemokratie, nahm ich durch die berufliche Linse als Journalist wahr. Bei manchen war ich natürlich nur im Sinne der geschilderten Rückrechnung des Alters in die Vergangenheit dabei. Etwa beim Österreich-Besuch meines tschechischen Onkels im Jahr 1966.

Stromschwankungen im Licht der Aufklärung

IN DIESEM AUGENBLICK schaut meine Mutter das helle Licht der Aufklärung. Neben ihr mein aus Prag angereister, groß gewachsener Onkel Vladimir, von allen kurz Vláda genannt. Er beobachtet sie, seine Kamera um den Hals, ein wenig skeptisch. Auf diese Weise könnte man das Bild beschreiben. Aber wahrscheinlich war die Situation viel weniger bedeutungsschwer. Vielleicht war die Haltung der Personen nur eine zufällige Pose, eingefangen durch einen Schnappschuss im Frühling des Jahres 1966. Er zeigt die beiden am Tor zur Sendeanlage Lichtenberg, wie der Aufschrift auf dem massiven Betonblock rechts im Bild zu entnehmen ist. Dieser dient der Befestigung der dicken Stahlseile des Sendemasts. Sie geben dem 135 Meter hohen Sender nahe Linz den notwendigen Halt, wenn die Stürme über das Mühlviertel fegen.

1966 versorgte der Österreichische Rundfunk seit nunmehr ein paar Jahren weite Teile des Landes mit seinen Programmen. Aufgrund der Positionierung des Senders Lichtenberg strahlte dieser auch weit bis in die böhmische Tiefebene hinein, bis ins Land meines Onkels Vláda aus Prag. Genau genommen war er kein Onkel, sondern ein Cousin meiner Mutter, aber damals

Da die Vergangenheit selbst nicht mehr zu beobachten ist, brauchen wir Bilder von ihr. Sie sind unsere Krücken auf der Suche nach der verlorenen Zeit.

RUNDFUNK
CHTENBERG

nannte man alle irgendwie zur Familie gehörigen Menschen – auch wenn sie nicht einmal verwandt waren – Tanten und Onkel.

Es war eine verheißungsvolle Zeit, nicht nur für die beiden Abgebildeten. Das Programm, das von diesem Sender ausgestrahlt wurde, brachte mehr Aufklärung denn je. Zwei Jahre lag das erste Volksbegehren, das es in Österreich je gegeben hat, zurück. 1964 legten die Menschen in Österreich mit dem Rundfunkvolksbegehren den Grundstein für ein freies, modernes und in der Demokratie unverzichtbares Medium. Die beiden staatstragenden Parteien, ÖVP und SPÖ, konnten sich des Rundfunks nicht mehr als Sprachrohr bedienen. Als Ergebnis des Volksbegehrens waren Posten von nun an nicht mehr doppelt besetzt, mit Protagonisten der einen und der anderen Partei. Dadurch hatten sich die beiden Lager bis dahin in Schach halten können. Und von nun an waren Journalistinnen und Journalisten frei in ihrer Fragestellung, ohne mit den Parteisekretariaten vorab klären zu müssen, worauf sich der Befragte einstellen muss. Diese Errungenschaften waren meinem Onkel aus dem totalitär und diktatorisch regierten Land völlig unbekannt. Aber das allein war es nicht, was in diesen ausgehenden 1960er-Jahren in Österreich den Zuwachs an Freiheit und Stabilisierung der Demokratie ausmachte. Es war vielmehr eine Strömung in der öffentlichen Alltagskultur, die in dieser Hinsicht das Ende der Nachkriegszeit markierte. Es war eine Tiefenströmung, die im Begriff war, das Bleierne der tradierten Normen und Verhaltensweisen wegzuschwemmen. Im nächsten Jahrzehnt entstanden daraus dann die dazugehörigen Gesetze, die entsprechende Musik und Mode.

Auch mein Onkel Vláda hegte Hoffnung auf ähnliche Veränderungen – wenngleich in seinem Blick auf diesem Foto Skepsis mitschwingt. Er lebte, wie viele andere Verwandte meiner Mutter, hinter dem buchstäblich eisernen Vorhang, in der Tschechoslowakei. Es war eine Systemgrenze, die nur durch Mauern und Stacheldraht aufrechtzuerhalten war. Aber sie war im Laufe der

Jahre durchlässiger geworden. Anders als in der unmittelbaren Nachkriegszeit, in der nicht einmal Briefverkehr zwischen Geschwistern über die Grenze hinweg möglich war, konnten jetzt immer häufiger Familienbesuche wie dieser absolviert werden.

Bei diesen Besuchen versicherte man sich gegenseitig, es werde alles immer ein Stück besser, Freiheit und Fortschritt würden sich durchsetzen. Hier, in Österreich, symbolisierte der Sender am Lichtenberg nicht nur technische Entwicklung, sondern stand auch für eine qualifizierte Öffentlichkeit und damit mehr Entscheidungsfreiheit. Ich finde, es war ein bemerkenswertes Ausflugsziel im Zuge des Familienbesuchs von jenseits des Eisernen Vorhangs.

Die Bilder von Familienbesuchen in die andere Richtung geben in meinem Archiv Zeugnis davon, was man jenseits der Grenze damals als Sehenswürdigkeit einstufte. In Prag war es der leere Betonsockel, auf dem mehrere Jahre das weltweit größte Stalin-Denkmal gestanden war. Das Denkmal wurde 1962, ohne dass die Öffentlichkeit davon informiert worden war, von der tschechoslowakischen Armee gesprengt. Der Zuwachs an Freiheit sollte heimlich kommen.

Vier Jahre danach, 1966, führte die Entstalinisierung noch weiter Richtung Freiheit. Sie führte zum Prager Frühling. Ein freier Rundfunksender, wie er in Lichtenberg bei Linz besichtigt wurde, war für meinen Onkel plötzlich denkmöglich geworden. Dann könnte man auch in Prag durch die Medien von allfälligen politischen Umwälzungen erfahren. Und nicht nur dadurch, dass man den Betonsockel auf dem Hügel nördlich der Prager Altstadt plötzlich ohne die riesige Stalin-Statue vorfindet.

Die soziale Tiefenströmung dieser Zeit mündete für meine Mutter in den folgenden Jahren in eine für viele Menschen, vor allem für Frauen, noch nie dagewesene Emanzipation – ein wichtiges Stück Freiheit. Freiheit gehört ganz offenbar zu jenen wenigen Gütern, die mehr werden, je mehr Menschen davon nehmen. Aber wenn man sie hat, muss man den Umgang mit ihr täglich üben – so wie das Spielen eines Instruments. Allerdings sind wir es mehr denn je gewohnt, dass neue Technologien die Arbeit oder das mühsame Einüben von Fertigkeiten für uns übernehmen. Sie machen es uns aber vielfach nur vermeintlich leicht, wenn sie uns das Training abnehmen. Setzt man mit der Übung der Freiheit zu lange aus, verschwindet sie.

EINIGE JAHRE nach diesem mit einem Amateurfotoapparat eingefangenen Augenblick kam es bekanntlich jenseits der Grenze zu einem jähen Ende solcher Hoffnungen. Sowjetische Panzer mähten das Pflänzchen der Freiheit nieder, das seine größte Gestalt am Höhepunkt des Prager Frühlings im Jahr 1968 angenommen hatte. Mein Onkel konnte seine Karriere als Jurist nicht in der Art weiterführen, wie er es wollte. Als Antikommunist und frommer Katholik musste er seine Weltanschauung im Verborgenen leben. Das Regime nannte diese Phase neuerlicher und gewalttätiger Unterdrückung „normalizace", zu Deutsch „Normalisierung" – was aus unserer Sicht von der anderen Seite des Eisernen Vorhangs natürlich ein Euphemismus war.

Fernsehsender wurden dennoch auch im Land der Unfreiheit immer wichtiger. Man konnte mit ihnen nicht nur aufklärerisch wirken, sondern auch systemstabilisierend. Während der „Normalisierung" versuchten die Machthaber gar nicht mehr die große Utopie zu zeichnen, in der der Kommunismus seine strahlende Zukunft haben würde. Sie vermittelten durch einfache Unterhaltung, dass der nun erreichte Zustand ganz „normal" sei.

Diese Erfahrungen prägten vielfach familiäre Gespräche bei späteren Begegnungen dies- und jenseits des Eisernen Vorhangs. Ich habe in jungen Jahren als ein sich langsam politisch orientierender Mensch daran teilgenommen. Ohne viel Vorkenntnis der Geschichte – Kriegsende und Festigung der sowjetischen Einflusssphäre in Europa lagen gefühlt in entfernter grauer Vorzeit – war es für mich leicht zu entscheiden, auf welcher Seite ich leben möchte.

Ich staunte darüber, dass man den Menschen jenseits des Zaunes glaubhaft vermitteln konnte, dieser solle nur das Eindringen faschistischer Elemente verhindern. Wir kennen solche Argumente auch aus den Rechtfertigungen des russischen Überfalls auf die Ukraine im Jahr 2022. Es war mir rätselhaft, wie man ganz offensichtlich eingesperrten Menschen erzählen konnte, dass der Stacheldraht zu ihrem Schutz sei und nur den Grenzübertritt anderer verhindern sollte – obwohl wir doch von unseren Verwandten immer so freudig empfangen wurden. Ich begann darüber nachzudenken, was man erwachsenen Menschen einreden kann und will. Und ich stellte fest, dass viele Menschen hinter dem Eisernen Vorhang nur vermeintlich bei dieser Täuschung mitspielten. Mein Onkel nicht, er galt immerhin als der Einzige in der Familie, auf den die Bezeichnung Intellektueller zutraf.

Mit dem deutlichen Gegenbild jenseits des Eisernen Vorhangs vor Augen war Demokratie unzweifelhaft die bessere Organisationsform einer Gesellschaft. Das war nicht schwer zu vermitteln und nicht schwer zu erkennen. Das Attribut „Volks-“ vor die Demokratie zu setzen, also aus der Demokratie westlichen Zuschnitts und Idee eine „Volksdemokratie“ zu machen, täuschte die wenigsten. Denn viele Menschen, deren Familien, wie die meine, aufgrund der quer durch Europa gezogenen Grenze getrennt waren, hatten sehr persönliche Erfahrungen auf beiden Seiten gemacht – und mit beiden Systemen. Wer Sympathien für die sogenannte „Volksdemokratie“ hegte, wurde hierzulande meist als naiv oder provokativ betrachtet und von der Mehrheit der Demokraten eingehegt.

Warum war diese gedankliche Grenzziehung und Verurteilung damals viel einfacher als heute? Das hat ein wenig mit dem „Ende der Geschichte“ zu tun, und mit dem amerikanischen Politikwissenschafter Francis Fukuyama. Wie viele vor ihm, ging auch er davon aus, dass die Geschichte durch den Widerstreit zweier unterschiedlicher Positionen vorangetrieben wird. Vereinfacht gesagt: Nach der Neuordnung Europas nach dem Ersten Weltkrieg rangen die Idee der Demokratie und des Faschismus miteinander. In der Zwischenkriegszeit gewann der Faschismus. Nach seiner militärischen Niederlage bekam wiederum die Demokratie die Oberhand. Danach aber kam es zur Auseinandersetzung der beiden Systeme Demokratie und Kommunismus, bis dieser ab 1989 aus wirtschaftlichen Gründen kollabierte. Übrig blieb – und zwar als erfolgversprechende Idee, nicht in der Realität – die liberale Demokratie.

Die bisher nur im sogenannten Westen etablierte Demokratie hatte ab dem Jahr 1989 gleichsam vor der Haustür kein anderes System, das sich als das bessere darstellen wollte. Eine alternative Idee, die die liberale Demokratie herausfordern wollte, gab es vorübergehend nicht. Selbst wenn es rund um das Jahr 1990 noch längst nicht so weit war, dass dieser Zustand tatsächlich eingetreten ist, war man sich einig: Auf die liberale Demokratie laufe das Streben des menschlichen Zusammenlebens hinaus.

HEUTE, MEHR ALS 30 JAHRE später, ist das längst wieder anders. Wir sehen uns mit Ideologien konfrontiert, die die Demokratie infrage stellen, indem sie Attribute wie „gelenkte Demokratie" (Wladimir Putin) oder „illiberale Demokratie" (Viktor Orbán) im Munde führen. Beide Begriffe sind Widersprüche in sich und damit keine legitimen Bezeichnungen. In ihnen steckt ein kleiner Rest von Fukuyamas Erkenntnis: Die Demokratie hat sich eben durchgesetzt. Von dieser Erkenntnis rücken selbst jene, die Autokratie und Diktatur anstreben, nicht ab. Aber das sollte uns nicht überraschen. Auch die „Volks"-Demokratien haben das schließlich nicht gemacht. Die lupenreine Diktatur braucht offenbar zu ihrer leichteren Durchsetzbarkeit das Deckmäntelchen des Begriffs „Demokratie".

In den Jahrzehnten nach dem Fall des Eisernen Vorhangs schwächelte die Demokratie also gerade deswegen, weil sie vorerst nicht explizit von einer alternativen Idee herausgefordert wurde. In der Wahrnehmung der Wählerinnen und Wähler in Österreich fehlte ein anderes, ein auch bei einem flüchtigen Besuch in der Nachbarschaft erlebbar unmenschliches System. Es ist ein Paradox, denn tatsächlich wünschen wir ein solches System auch unseren Nachbarn nicht, im Gegenteil. Wir wollten immer, dass sie hören, wie gut wir leben. Dazu sollte auch so mancher Sender seine Botschaften über die Systemgrenze strahlen. Aufgestellte Lautsprecher, wie an der Berliner Mauer, zeugen davon, dass Demokratie einst „missionarischer" war.

Auch in Österreich war sie das. Seit es den Sender am Lichtenberg gab, konnten die Menschen jenseits der Grenze ein wenig mehr den Lügen ihres Regimes auf die Spur kommen, dem, was wir heute Fake News nennen würden. Senden ist also immer ein hochpolitisches Ringen um eine Idee. Es ist auch nicht in dem Sinne äquidistant möglich, wie Antidemokraten in Verschleierung ihrer Absichten oft fordern. Zwischen Aufklärung und Verdunkelung gibt es keinen Weg der Mitte. Niemand kann neutral sein in einem System, das Demokratie und ihre vielen Gegenteile als gleichwertig einstuft.

Als mein tschechischer Onkel die Sendeanlage Lichtenberg besuchte, war ihm jedenfalls klar, in welchem Land Fake News verbreitet werden. Es war ihm klar, dass der sogenannte Antifaschistische Schutzwall, wie die Stacheldraht-Grenze von seinem Regime genannt wurde, in Wirklichkeit ein Gefängniszaun ist, der sich gegen die Insassen richtet. Mit anderen Worten: Die weltweit größte Stalin-Statue, die den Menschen in Prag hatte vermitteln sollen, dass der Sowjetführer ein guter Mann sei, wurde von ihnen als „Deepfake" aus Moskau durchschaut. Heute ist es mit dem Durchschauen von manipulierten und von einer künstlichen Intelligenz hergestellten Dokumenten nicht mehr so einfach, wenn (nicht nur) russische Deepfakes vor allem in Wahlkampfzeiten unsere Gesellschaften via Handyscreens überschwemmen.

Schalten wir diese Screens jetzt eine Zeit lang aus. Ihr Leuchten verdunkelt uns viel zu oft die Welt. Beschränken wir uns auf die wenigen Bilder, wie sie etwa mit der kleinen Kamera geknipst wurden, die Onkel Vláda so beiläufig vor seinem nicht vorhandenen Bauch baumeln lässt. Solche Bilder, hier in diesem Buch zuweilen von renommierten Fotografen aufgenommen, bilden nie die objektive Wahrheit ab, auch wenn ihr das Objektiv sehr nahekommen sollte. Aber sie bilden eine Wirklichkeit ab, die uns Ausgangspunkt für die Erinnerung an ein paar Augenblicke der Zweiten Republik sein soll.

Da die Vergangenheit selbst bekanntlich nicht mehr zu beobachten ist, brauchen wir Bilder von ihr. Sie sind unsere Krücken auf der Suche nach der verlorenen Zeit, wenngleich für jede Person eine andere. Insofern konstruieren sie unsere Vergangenheit. Das wollen wir nicht zu weit gehen lassen und verteidigen die Erzählung, die diese Bilder bereithalten. Es sind in den meisten Fällen Augenblicke, die vordergründig eine Alltagsbegebenheit festhalten, Geschichte auf dem Micro-Level, das uns aber die große Erzählung über dieses Land in seinen ersten acht Jahrzehnten nach Ende des Zweiten Weltkriegs erschließt.

Beginnen wir am Anfang der Zweiten Republik. Wo der genau liegt, ist nicht so klar. Am 13. April 1945 befreien sowjetische Truppen Wien. Da wurde jedenfalls schon gefeiert, wenngleich der Krieg nach späterer Lesart noch fast einen Monat andauerte. Man könnte als Datum auch den 27. April nehmen, den Tag, an dem Österreich wieder eine eigene Regierung unter Karl Renner hatte. Aber über das gesamte später wiederhergestellte Staatsgebiet hatte sie längst noch keine Souveränität. Die Kapitulation der Wehrmacht erfolgte offiziell am 8. Mai mit Ablauf des Tages, also zu Mitternacht. In Moskau zeigten da die Uhren bereits 2 Uhr Früh – und damit den 9. Mai an.

Aber eigentlich ist die genaue Festlegung eines konkreten Beginns gar nicht so wichtig. Viel wichtiger ist, dass es ein Ende gegeben hat.

Kontinuitäten über die Stunde Null

AM BEGINN STEHT – wie so oft – ein Ende. Und es ist ein dickes Ende. Gleichzeitig gab es aber auch nie zuvor so viel Anfang. Das Foto stammt von Franz Votava, es ist wenige Wochen nach Kriegsende im Mai 1945 aufgenommen. Eine genaue Datierung fehlt. Mit dem Namen des Fotografen ist einer der wichtigsten Bilderschätze der Zeit nach dem Zweiten Weltkrieg in Österreich verbunden – das Archiv Votava. Das Bild fängt in wunderbarer Weise den Augenblick ein, in dem sich ein Ende und ein Anfang begegnen.

Nur auf den ersten Blick ist dieses Ende eine Folge von Krieg und der damit einhergehenden Zerstörung durch einen Eroberer. Vielmehr ist es die Konsequenz eines Regimes, das sich nach außen nur durch zunehmende Aggressivität und nach innen durch immer brutaleres Vorgehen gegen die eigene Bevölkerung ein paar Jahre am Leben erhalten konnte. Die abgebildeten Trümmer sind also das unausweichliche Ergebnis der Idee des nationalsozialistischen Staates und seiner Gesellschaft. Doch das Ende von Demokratie und Rechtsstaat kam in den Jahren zuvor nicht wie eine Naturkatastrophe über das Land.

Die sichtbarste Folge der nationalsozialistischen Vergangenheit, das visuelle Herüberreichen in die neue Zeit, waren die Trümmer, durch die die Menschen nunmehr ihren Sonntagsspaziergang unternahmen.

„Nur nicht umdrehen, nach vorne schauen!", könnte der junge Mann in dem Moment zu seiner Begleiterin sagen. Das gilt im übertragenen wie im buchstäblichen Sinn. Das gut gelaunte, wenngleich nicht ausgelassen fröhliche Paar spaziert durch die Trümmer in der Wiener Innenstadt. Es ist Sommer 1945. Der Kampf um Wien ist erst seit wenigen Wochen vorüber. Vielleicht wollen die beiden das Bild der Zerstörung für eine Weile hinter sich lassen und streben hinaus ins Grüne, dorthin, wo weniger Schutt und Asche liegt. Sie müssen dabei zu Fuß gehen, denn der öffentliche Verkehr ist noch nicht wieder hergestellt. Von der Öffi-Haltestelle im Hintergrund ragt allein die Halterung für das Schild am Laternenmast hervor. Motorisiert kommen in diesen Tagen nur Soldaten voran. Man sieht einige auf der Pritsche des Lkw sitzen, der gerade die ehemalige Haltestelle passiert. Das Leben in der Stadt ist langsamer geworden. Es wurde gleichsam eine Reset-Taste gedrückt, vieles musste erst wieder in Schwung kommen.

Wahrscheinlich wollten die beiden – wie so viele andere Menschen in Österreich damals – nicht nur die Trümmer hinter sich lassen, sondern auch die Vergangenheit. Mittlerweile ist durch viele Forschungen belegt, dass viel mehr Menschen viel mehr über die Verbrechen des Nationalsozialismus gewusst hatten beziehungsweise wissen konnten, als in der unmittelbaren Nachkriegszeit kommuniziert wurde. Gleichwohl aber war für viele das Ausmaß der Gräuel, die Zäsur in der Zivilisationsgeschichte der Menschheit, der industriell organisierte Massenmord bis dahin unbekannt und unvorstellbar.

In diesem Moment, der „Stunde Null", wie er vielfach genannt wird, war der Blick zurück tatsächlich kein Thema. Wer will auch schon gleich wieder ins Minus rutschen? Selbst kritische Menschen wollten weder darüber nachdenken noch darüber reden, was mit den deportierten Nachbarn geschehen war oder woher die Kolonnen in Lumpen gehüllter und über die Straßen getriebener Menschen gekommen waren. Vorerst ging es nur um die nackte Existenz. Das Kriegsende war für viele Menschen ein so elementarer Einschnitt, dass der Eindruck eines Neubeginns keine leere Floskel war.

Das Land hatte kurzzeitig jede Souveränität abgegeben. An manchen Tagen wusste so mancher Bürgermeister nicht, ob er überhaupt noch Bürgermeister war. Denn die „Stunde Null“ war in Österreich kein gleichzeitig ablaufendes Ereignis. Je nach Kriegsverlauf endete die Nazi-Herrschaft an ganz unterschiedlichen Tagen: Bereits am 27. April 1945 fand sich die Bevölkerung Wiens in einem neuen unabhängigen Österreich wieder, tags darauf wurden im Konzentrationslager Mauthausen noch 42 Menschen durch Vergasung ermordet. Und erst am 8. Mai endeten beispielsweise Krieg und Nazi-Terror für die Menschen in Klagenfurt.

WENN WIR VERGANGENES ERINNERN, tauchen wir die Ereignisse gern in milderes Licht. Vieles war dann doch nicht so schlimm, wie man meinen könnte. Selbst Geschichten von Not und Elend kommen im Kleid der launigen Anekdote daher, wenn man nicht zu einer vom Nationalsozialismus verfolgten Gruppe gehörte. Nur bei Erzählungen über die Nachkriegszeit verhält es sich oft umgekehrt: Je länger sie zurückliegt und je öfter eine Geschichte innerhalb einer Familie weitererzählt wurde, desto düsterer wurden die Schilderungen. Ein wenig schwang dabei die Hoffnung mit, dass Not und Elend der Nachkriegszeit die Schuld, die jemand in der Zeit zuvor auf sich geladen hatte, vermindern würden.

In meiner Familie war die Inhaftierung des Großvaters im Lager Glasenbach unmittelbar nach dem Krieg ein typisches Beispiel dafür. Als das junge Paar auf unserem Bild gerade durch die Trümmer spazierte, war er im US-Lager „Marcus W. Orr“ in Salzburg inhaftiert. Insgesamt zwei Jahre dauerte seine Haft – so lange, wie das Lager bestand. Den familiären Erzählungen zufolge aßen die Häftlinge zuweilen Gras, um nicht zu verhungern. Eine durcheinandergeratene Welt, dachte ich lange: Zuerst müssen Menschen auf Befehl kämpfen. Wenn sie den Krieg mit Glück überstanden haben, kommen sie in grausame Gefangenschaft. Aber ganz so war es natürlich nicht.

Mein Großvater war im Lager Glasenbach inhaftiert, weil er seit den ersten Tagen des nationalsozialistischen Regimes in Österreich, genauer: seit April 1938, Mitglied der Waffen-SS war. Er hatte sich freiwillig gemeldet und blieb bis zum Ende des Kriegs Teil der Organisation. Entsprechend den „Automatic-Arrest"-Bestimmungen der Amerikaner wurden in dem US-Gefangenenlager all jene interniert, die bestimmten NS-Organisationen angehört hatten, Kriegsverbrecher oder qualifizierte Sympathisanten waren. Diesen Teil der Lebensgeschichte meines Großvaters musste ich Jahrzehnte später erst mühsam recherchieren. Dabei stieß ich auf etwas Bemerkenswertes und in seiner Widersprüchlichkeit Typisches für die Nachkriegszeit:

Jener Großvater arbeitete vor dem Krieg viele Jahre und in bestem Einvernehmen, wie Briefe belegen, bei einem jüdischen Ledergroßwarenhändler in Linz. Als dieser enteignet und vertrieben wurde, entfernten sich diese beiden Biografien zweier Österreicher so weit voneinander, wie es nur möglich ist. Der eine Mann, mein Großvater, wurde Teil einer terroristischen Organisation. Der andere gehörte plötzlich einer Gruppe von Menschen an, die das Regime zur Ermordung freigab – und flüchtete daher nach Mexiko. Als er nach mühevollen Restitutionsverfahren, die in den Archiven nachzulesen sind, sein zuvor „arisiertes" Hab und Gut wiederbekommen hatte und von Mexiko nach Linz zurückkehrte (allein das ist bemerkenswert), stand mein Großvater an seiner Tür und bot an, wieder für das Unternehmen zu arbeiten. Noch immer ist mir nicht klar, wie das bis ins Pensionsalter der beiden gelingen konnte und warum mein Großvater von seinem einst vertriebenen Arbeitgeber zum Firmenjubiläum auch noch eine goldene Breitling-Uhr geschenkt bekam. Aber das ist Stoff für ein anderes Buch.

Es war offenbar ein Stück weit nötig, die Vergangenheit hinter sich zu lassen, um in diesem Land wieder zusammen leben und arbeiten zu können. Wie es möglich war, dass dieses Hintersichlassen solche extremen Ausprägungen annehmen konnte wie in diesem Fall, wird für mich immer ein Rätsel bleiben. Die Stunde Null war hier ein Reset, der unsere Vorstellungskraft und vor allem unser Einfühlungsvermögen übersteigt. Auch wenn Verdrängung möglicherweise Voraussetzung für einen gedeihlichen weiteren Schritt in der Entwicklung der Gesellschaft war, ist sie auf Dauer natürlich kein Rezept.

Der Beginn dieser Zweiten Republik in den Trümmern des Dritten Reichs war jedoch nicht nur qualvoll und durch das Verdrängen von Leid und Schuld gekennzeichnet. Das Elend hat auch intensiven Lebenshunger hervorgebracht, der parallel zu den schwierigen Bedingungen des Überlebens die Öffentlichkeit prägte. Das ließ das Leben vielfach aus den Fugen geraten. Widersprüchliche Entwicklungen gingen Hand in Hand: Es gab Überfluss und Mangel gleichzeitig. Es gab einen daniederliegenden Markt und einen blühenden Schwarzmarkt, vielfach auf Tauschhandel begründet. Es gab die herkömmlichen Kunden und es gab die Soldaten der alliierten Verwaltung, vulgo Besatzungssoldaten.

Amerikanische Soldaten waren in den von ihnen besetzten Zonen keine gewöhnliche Kundschaft. Im Uhren- und Juwelengeschäft meines anderen Großvaters waren sie gern gesehene Käufer. Mit ihren Dollars brachten sie das wirtschaftliche Leben von den ersten Tagen an wieder in Schwung. Und auch für meinen Vater waren sie keine gewöhnliche Kundschaft. Er, der mit 18 Jahren gerade den Krieg vor den Toren Berlins hinter sich gebracht hatte, spielte nun mit seiner neuen Band als Schlagzeuger in einer Bar, zu der nur US-Soldaten – und natürlich einheimische junge Frauen – Zutritt hatten. Sein abendlicher Verdienst überstieg das Monatseinkommen seines Vaters bei Weitem – verkehrte Welt.

Für ihn und so manch anderen war das Kriegsende eine wirkliche Stunde Null. Nach den Entbehrungen der Jugend, die erst in Wehrmachtsausbildungslagern stattgefunden hatte und dann in Schützengräben, wo die jungen Leute entweder dem Tod ins Auge blickten oder ihn jemand anderem zufügen mussten, stürzte man sich nun mit vollem Schwung ins Leben. Oder in die Leere. Denn was sollte jetzt noch kommen?

GESCHICHTE BEGINNT BEKANNTLICH nie an einem Nullpunkt. Immer hat es zuvor schon etwas gegeben, was in die nächste Epoche hinüberstrahlt. Selbst bei der tiefsten Zäsur, der völligen Entmenschlichung von Mitmenschen, die wir in der Geschichte unserer Gesellschaft erlebt haben. Wenn also auch mit vielem wieder bei null begonnen werden musste, hatte viel mehr anderes eine Kontinuität, die über den Mai 1945 hinausreicht.

Vor allem in der Verwaltung des Landes haben sich bereits seit der Monarchie Strukturen erhalten, die dem Entstehen einer Beamten-Kaste förderlich waren. Viele, vor allem höhere Beamte, stammen aus einem ähnlichen sozialen Milieu. Selbst nach einer Zäsur, wie sie 1945 stattfand, sind alte Beziehungsnetze nützlich. Lehrer, Richter, Beamte – in allen Bereichen bleiben Menschen mit nationalsozialistischer Gesinnung an den Schalthebeln der Republik sitzen.

Einer von ihnen ist Walther Kastner. Seine Karriere illustriert die Kontinuitäten über die Umbrüche hinweg. Sie ist vergleichbar mit jener des französischen Politikers Joseph Fouché, der von der Revolution über Napoleon bis zur Restauration immer wieder „Einfluss auf die Geschehnisse im Schatten“ nimmt, bis er kurz vor seinem Tod ausgerechnet in Linz seine Memoiren verfasst, wie es Stefan Zweig in seiner Biografie über Fouché so wunderbar beschreibt. Walther Kastner ist jedoch nicht Polizeiminister wie Fouché, für viele Menschen in Österreich ist es viel schlimmer.

Kastner, studierter Jurist, beginnt seine Karriere in der Ersten Republik in der dem Finanzministerium unterstellten Finanzprokuratur – in einer von christlich-sozialen Beamten und Politikern geprägten Umgebung. Sein Verbleib im neuen System ab 1934, das sich selbst als „Ständestaat" bezeichnete, fällt ihm offenbar nicht schwer, obwohl er schon zu den damals noch illegalen Nazis tendiert. Ab 1938 arbeitet er für den von den Nationalsozialisten nach dem „Anschluss" installierten Reichsstatthalter Arthur Seyß-Inquart am Ballhausplatz, von wo er als Beauftragter des Reichswirtschaftsministeriums weiter in die Kontrollbank geschickt wird. Eine harmlos klingende Institution. Doch die Einrichtung ist zu dieser Zeit für die Abwicklung der „Arisierungen", also der Enteignung jüdischen Vermögens, zuständig. Kastner gilt als gewissenhaft und tief in die Rechtsmaterie eingearbeitet. Seine Entscheidungen unterliegen keiner weiteren Überprüfung. Als die „Entjudung", wie Raub und Vertreibung genannt wurden, abgeschlossen war, wurde die Bank, an deren Spitze Kastner mittlerweile stand, geschlossen. Aber sein umfangreiches Wissen sollte ihm noch einmal hilfreich sein.

Bereits ein Jahr nach Kriegsende, 1946, wird er wieder in Dienst des Wirtschaftsministers gestellt. Ausgerechnet der gerade noch für „Arisierungen" zuständige Mann kümmert sich nun um die rechtlichen Rahmenbedingungen für die Restitutionsansprüche der Enteigneten. Selbst die Durchführung der Rückstellung von Wirtschaftsbetrieben fällt in seine Zuständigkeit. Gänzlich absurd erscheint, dass Kastner später als Wirtschaftsanwalt aufseiten jener steht, denen er während des mittlerweile untergegangenen Regimes das Vermögen abgenommen hat. Aber wer hätte das begangene Unrecht besser gekannt als der, der es zu verantworten hatte?

Aus dem Bereich der Wissenschaft gibt es einen ähnlichen Fall der Kontinuität über die „Stunde Null" hinaus. Es ist die Biografie des Psychiaters Heinrich Gross. Er war NS-Arzt an der „Euthanasie-Klinik" am Spiegelgrund in Wien, wo behinderte und auch nur verhaltensauffällige Kinder malträtiert, gequält und ermordet wurden. Einer, der den Terror dort überlebte, war Friedrich Zawrel. Als er viele Jahre später wegen eines Supermarkteinbruchs straffällig geworden war, wurde er 1975 dem mittlerweile wieder vielbeschäftigten Gerichtsgutachter Gross ausgeliefert. Es war die zweite Begegnung der beiden – was allerdings nur Zawrel auffiel. Gross' Gutachten zerstörte sein Leben ein weiteres Mal, denn der Psychiater sorgte mit der Beurteilung in seinem Gutachten dafür, dass Zawrel für immer hinter Gitter kommen sollte.

Einer späteren Mordanklage für seine Taten am Spiegelgrund konnte sich Gross im Jahr 2000 erfolgreich entziehen. Er gab bei Gericht vor, dem Prozess in keiner Weise mehr folgen zu können – und galt daraufhin als vernehmungsunfähig. In einem an den vertagten Prozess unmittelbar anschließenden Interview mit einer Kollegin aus der Zeit-im-Bild-Redaktion stellte sich sein Geisteszustand dann ganz anders dar. „Ich glaube, man könnte mir nichts nachweisen", sagte er da in ziemlich klarer Beantwortung der Fragen der Reporterin.

Eine dritte – diesmal politische – Biografie, die drei Männer aus Täter- und Opfergruppen in bemerkenswerter Weise in eine neue Konfrontationsstellung brachte, ist jene von Friedrich Peter. Der ehemalige SS-Obersturmführer war 20 Jahre lang Obmann der FPÖ und wurde in einer wichtigen Phase der Zweiten Republik einer der führenden Politiker. Nach der Nationalratswahl 1970 trug er durch die Duldung seiner Partei dazu bei, dass Bruno Kreisky Bundeskanzler, vorerst einer Minderheitsregierung, werden konnte. Im Gegenzug erklärte sich die SPÖ zu einer Wahlrechtsänderung bereit, die die FPÖ deutlich aufwertete. Die Verbindung zwischen den beiden Politikern rief Simon Wiesenthal auf den Plan. Wiesenthal, dem KZ Mauthausen entkommen und mittlerweile akribischer Rechercheur in Sachen NS-Verbrecher, veröffentlichte 1975 einen Bericht über die Nazi-Vergangenheit Peters. Kreisky – immerhin selbst Opfer der Nazis und von diesen vertrieben – bezichtigte Wiesenthal daraufhin, mit Mafiamethoden zu arbeiten und unterstellte ihm indirekt sogar, mit der Gestapo kollaboriert zu haben.

VERKEHRTE WELT, kann man heute im Rückblick sagen. Und es wird klar: Die Stunde Null brachte keine so scharfe Zäsur mit sich, wie sie das Sprachbild suggeriert. Die sichtbarste Folge der nationalsozialistischen Vergangenheit, das visuelle Herüberreichen in die neue Zeit, waren die Trümmer, durch die die Menschen nunmehr ihren Sonntagsspaziergang unternahmen. In der auf dem Foto abgebildeten Szene könnte der junge Mann seine Begleiterin durchaus naheliegend auch fragen, wer denn das alles – „um Himmels willen!" – aufräumen soll.

Allein in Wien war ein Drittel der Häuser zerstört oder so sehr beschädigt, dass sie unbewohnbar waren. Die Gebäude im Hintergrund unseres Bildes zeugen davon. Symbol für die Zerstörung – weit über Wien hinaus – waren das Skelett des Riesenrads im Prater und der ausgebrannte Stephansdom mit seinem eingestürzten Dach. Späteren Berechnungen zufolge lagen in der Stadt 850.000 Kubikmeter Schutt.

Das Wegräumen der Trümmer war zum großen Teil öffentliche Aufgabe. Allerdings waren für die neue Republik und ihren Gesetzgeber diese Gebäudeüberreste nicht in erster Linie Folgen der Bombardements durch die Alliierten und der Kämpfe zur Befreiung des Landes. Sie wurden vielmehr als Überreste des nationalsozialistischen Regimes begriffen, die so rasch wie möglich beseitigt werden mussten. Sehr rasch wurde daher das „Verfassungsgesetz über die Durchführung von Notstandsarbeiten im Gebiete der Stadt Wien" erlassen. Es sah vor, dass für diese Tätigkeiten auch ehemalige Angehörige von NS-Organisationen herangezogen werden konnten, deren Arbeit als „Sühnearbeit" betrachtet wurde. Für Passanten war klar, dass hier viele – vor allem viele Frauen – nicht freiwillig am Wiederaufbau der Republik arbeiten. Sie waren vielmehr aufgrund ihrer Verstrickungen in den Nationalsozialismus per Gesetz dazu gezwungen. Interessant in diesem Zusammenhang ist, dass sich vor wenigen Jahrzehnten dennoch der Mythos der „Trümmerfrauen" herausgebildet hat. Noch bei Hugo Portisch, der mit seinem Werk „Österreich II" Mitte der 1980er-Jahre den Standard für die populärwissenschaftliche Geschichtsschreibung gesetzt hat, sucht man sie vergebens.

Der Wiederaufbau der Republik wurde lange Zeit als ausschließlich von Männern getragen dargestellt. Bei den Österreich-Besuchen wurden auch unsere Verwandten aus der Tschechoslowakei gerne zu den Symbolen des Fortschritts gebracht. Unter den Fotos dieser Ausflüge findet sich auch eine Abbildung der mit Stolz präsentierten Staumauer des Kraftwerks Kaprun. Die „Helden von Kaprun", die die Nachkriegsgeschichtsschreibung hervorgebracht hatte, waren ausschließlich Männer. Trümmerfrauen, die allenfalls mitgeholfen hätten, kamen in den zeitgenössischen Nachkriegserzählungen nicht vor.

Erst in den 1980er-Jahren wandelte sich der Blick – und auch Frauenschicksale und -geschichten kamen in den Fokus, meist durch Historikerinnen. Es ist daher auch nicht überraschend, dass es ausgerechnet eine SPÖ-Abgeordnete war, die 1989 anlässlich einer Debatte über „70 Jahre Frauenwahlrecht" im Parlament erstmals das Wort der „Trümmerfrauen" in den Mund nahm. Es sollte damit wohl die Aufmerksamkeit darauf gelenkt werden, dass nicht nur Männer am Wiederaufbau der Republik beteiligt waren. Die Dynamik, die daraus folgte, ging allerdings in eine andere Richtung.

Der Mythos der „Trümmerfrauen" verfestigte sich: Eine ganze Generation von Frauen wurde so bezeichnet, obwohl nur wenige die „Sühnearbeit" in den Trümmern als Konsequenz ihrer Unterstützung des NS-Regimes verrichten mussten. Vielmehr wurde – etwa in einem reich bebilderten populären Sachbuch Mitte der 1990er-Jahre – das Schicksal aller Frauen nach dem Krieg, ihr „Alltag zwischen Hamstern und Hoffen" unter der Überschrift „Trümmerfrauen" subsumiert.

In weiterer Folge nahm sich mehr und mehr die Freiheitliche Partei dieser Gruppe an, zuletzt durch die Aufstellung eines Denkmals, das an diese „Trümmerfrauen" erinnert. Mangels öffentlicher Akzeptanz musste es auf einem privaten Grundstück in Wien aufgestellt werden. Aber bis zu einem gewissen Grad sind Denkmäler kein Schaden. Die allermeiste Zeit gehen wir an den tapfersten Kriegern, und leider auch an den hellsten Köpfen, achtlos vorbei. Im besten Fall regen die aufgestellten Figuren zu Debatten an, wie die in Wien vielfach zu findende Erinnerung an Bürgermeister Karl Lueger. Die „Trümmerfrau" allerdings führt ein schattiges Dasein an der Mölkerbastei.

Die Trümmer sind längst verschwunden. Einzig kleine Splitterschäden finden sich noch an so manch nicht restaurierter Fassade, und die Aufschrift „LSK" ist über manch einem Fenster auf Straßenniveau noch sichtbar. Damit wurde während des Kriegs auf einen Luftschutzkeller hingewiesen. In jenem Wiener Gemeindebezirk, in dem ich lebe, fand ich bei Recherchen zu einem Buch über diesen Ort solche Erinnerungen. Sie sind mir ein kleines unscheinbares Denkmal für diese Brüche und Kontinuitäten über die mögliche Stunde Null hinaus.

Im Autoland Österreich

SIE IST DAS FREUNDLICHE ANTLITZ der sowjetischen Besatzung: Eine Soldatin regelt auf der Kreuzung vor der Wiener Staatsoper im Sommer 1945 den Verkehr. Zwar ist sie mit einem Gewehr bewaffnet, aber die beiden Fahnen in ihren Händen sind kein militärisches Symbol. Sie sind ausschließlich Zeichen der Verkehrspolizei. Was könnte ziviler sein, als das gedeihliche Miteinander auf einer Kreuzung zu regeln?

Viele Autos sind nicht unterwegs, aber: Österreich ist ein Autoland! Zu dieser Zeit zwar nur eines der Militärfahrzeuge, wie sie im Hintergrund dieses Bildes zu sehen sind. Die Verwüstungen des gerade zu Ende gegangenen Kriegs lassen Österreich selbst an einer Stelle wieder von vorn beginnen, wo das Land einst unter den Vorreitern war: an der Opernkreuzung. An dieser Kreuzung nahm die Verkehrsregelung durch dreifarbige Signale, vulgo Ampel, ihren Ausgang. Hier wurde im Jahr 1926 Österreichs erste Ampelanlage installiert. Und doch wird zum Zeitpunkt der Aufnahme dieses Fotos der Verkehr wieder so geregelt, wie das vor 1926 der Fall war: händisch. Wobei: Auch die erste Ampelanlage wurde von Hand gestellt, und nicht jedem

Hier an dieser Kreuzung nahm etwas seinen Ausgang, was Ende des 20. Jahrhunderts seinen Höhepunkt überschritt: die Auto-Stadt.

Verkehrsteilnehmer war gleich klar, was die Farben bedeuteten. Sie hatten übrigens eine andere Reihenfolge als heute. Grün war oben angebracht, Rot unten, einzig Gelb war, wie heute, in der Mitte. Nur wenige Jahre nach Detroit und New York verfügte Österreich über eine elektrische Ampelanlage und damit über ein Symbol der modernen, wachsenden Großstadt, geprägt durch den Individualverkehr.

Hier an dieser Kreuzung nahm etwas seinen Ausgang, was Ende des 20. Jahrhunderts seinen Höhepunkt überschritt: die Auto-Stadt. Vielleicht auch die Auto-Landschaft – aber ich denke, die scheint ihren Höhepunkt noch nicht erreicht zu haben.

Der Aufstieg des Individualverkehrs erfolgte ausgerechnet in den Jahren vor Aufnahme des Bildes, im Austrofaschismus und im Nationalsozialismus. Gerade die Ideologien, die die Individualität zurückdrängten und das Ideal in der alles gleichmachenden Masse sahen, bescherten uns den privaten Pkw als Massentransportmittel. Die rückwärtsgewandten Ideologien kleideten sich in Mäntelchen des technischen Fortschritts, der Geschwindigkeit und der Rasanz. Aber die individuelle Freiheit, die mit dem Individualverkehr verbunden war, war Propaganda.

Propaganda war Teil des Autobahnbaus, und der Autobahnbau war Teil der Propaganda des NS-Regimes. Sie verfing nachhaltig und funktionierte auch noch bei sehr viel später geborenen Menschen in Österreich. Bis weit in die Zweite Republik hielt sich hartnäckig der Mythos, wonach die Autobahnen die einzige vermeintlich unpolitische Errungenschaft des Nationalsozialismus waren. Aber das waren sie nicht. Der Bau dieser Straßen diente zuerst der Arbeitsbeschaffung, rasch auch der Zwangsarbeit. Von Anfang an wurde die Möglichkeit, rasche Militärtransporte durchführen zu können, miteinkalkuliert, und nicht zuletzt war die Inszenierung von Heimat ein Antrieb für den Bau dieser Verkehrswege.

Für die Autobahnen war – wie das oft bei Erfindungen und neuen Trends der Fall ist – die Zeit reif. Sie reiften in mehreren

Teilen der Welt gleichzeitig, bis wir sie als selbstverständliche Art der schnellen Städteverbindungen begriffen. Anders als vielfach in der Nachkriegszeit geglaubt, wurden während der Zeit des Nationalsozialismus nur äußerst kleine Teilstücke errichtet: Etwa kurze Strecken am Rande von Linz, der Stadt, der Hitler aufgrund seiner Biografie verbunden war; oder ein Stück über die Grenze am Walserberg bei Salzburg. Kriegsbedingt wurden viele Arbeiten bald eingestellt. In Österreich war die Verbindung zwischen Salzburg und Wien via Autobahn erst 1967 fertiggestellt, knapp 30 Jahre später.

In den 1970er-Jahren kam der Plan auf, diese Autobahn nicht schon bei der Einfahrt am westlichen Ende der Bundeshauptstadt enden zu lassen. Sie sollte durch das Wiental direkt bis ins Herz der Stadt – man kann sagen, fast bis zur Opernkreuzung – führen. Dazu sollte der Naschmarkt verlegt und durch die neuen Fahrstreifen der Autobahn ersetzt werden. Die Lebensumgebung vieler Menschen hätte sich radikal verändert. Vielleicht war da die Grenze erreicht, bis zu der man die Stadt den Erfordernissen des privaten Verkehrs unterwerfen wollte. Bekanntlich – und zum Glück – wurde das Projekt nicht realisiert.

Bemerkenswert ist, dass zu diesem Zeitpunkt rund um das Jahr 1970 in Österreich gerade einmal eine Million Pkw zugelassen war. Das ist weniger als ein Fünftel dessen, was heute auf unseren Straßen unterwegs ist. Und dennoch begann damals die Zeit, in der nicht nur jede weitere Verkehrsfläche für Pkw einfach hingenommen wurde, sondern – umgekehrt – der Individualverkehr auch zurückgedrängt wurde.

Das erste Projekt dieser Art der „Fußgängerreservation", wie man damals die Fußgängerzone bezeichnete, wurde in Klagenfurt bereits in den 1960er-Jahren umgesetzt. Bis dahin ergoss sich der Verkehr, der heute über die Südautobahn geleitet wird, durch die Gassen der Kärntner Landeshauptstadt. Größere Publizität hatte aber dann die Verbannung der Autos aus dem Herzen der Wiener Innenstadt. Probeweise wurde zu Weihnachten

1971 der Graben gesperrt, drei Jahre später die Kärntner Straße, vor der die abgebildete sowjetische Soldatin den Verkehr regelt, zur Fußgängerzone umgebaut – begleitet von großen Bedenken der Geschäftsleute. Eine Schuhgeschäftsbesitzerin hatte Zweifel am neuen Publikum, das eine Straße ohne Autos anziehen würde. „Ich brauch' das elegante Publikum", sagt sie in einem ORF-Interview. Ein Publikum, das zu Fuß kommt, würde ihre Schuhe wohl nicht brauchen. Die Entwicklung der Mietpreise in dieser Gegend zeigt, dass es anders kam.

Als in den 2010er-Jahren mit den „Begegnungszonen" eine neue Art der Verkehrsflächennutzung eingeführt wurde – vor allem mit der „Mutter aller Begegnungszonen", der Wiener Mariahilfer Straße –, zeigte sich: Die Konflikte bei der Zurückdrängung des Individualverkehrs sind in Österreich über Jahrzehnte die gleichen geblieben. Weitere große Schritte bei der Rückeroberung des Raumes durch die Fußgänger sind also schwierig. Aber es zeichnet sich ab, worin sie liegen: Ganze Innenstädte weitgehend autofrei zu machen. Nur noch Anrainer und Lieferanten sollen zufahren dürfen. Für den gesamten Wiener Innenstadtbezirk gibt es dieses Vorhaben, das zwar von Parteien aller Couleur getragen wird, aber vorerst noch an der konkreten Umsetzung scheitert.

Das 20. Jahrhundert war das Jahr des Privat-Pkw, auch wenn die Zahlen – siehe oben – scheinbar dagegen sprechen. Das Jahrhundert des Autos hat aber auch nicht gleich um 1900 begonnen, sondern erst in den 1920er-Jahren. Die erste Ampel an der Opernkreuzung im Jahr 1926 war dafür genauso Symbol wie die 1945 dort den Verkehr regelnde Soldatin.

Am Höhepunkt des Autojahrhunderts, als die Gesellschaft noch in aller Unschuld das neueste Modell des Familien-Pkw bestaunen konnte, war dieses Symbol vielleicht der heute völlig unbekannte Polizist Josef Lukits, Geburtsjahrgang ausgerechnet 1926. Er war in gewisser Weise Nachfolger des freundlichen Gesichts der Besatzungssoldatin.

1953 waren es mittlerweile wieder die österreichischen Behörden, die im Land den Verkehr kontrollieren und regeln konnten, darunter auch ein Wiener Original: Die Tageszeitung „Kurier“ widmete Josef Lukits auf einer ganzen Seite und mit vielen Bildern seines Wirkens einen Bericht. Er zeugt auch von der dick aufgetragenen Harmlosigkeit, die nach den Turbulenzen des Krieges in vielerlei Hinsicht, in Film und Musik und anderen Unterhaltungsmedien, vermittelt werden sollte: Wir haben es wieder lustig, auch bei der Polizei. Über seine dirigentenhafte Art, den Verkehr zu regeln heißt es darin: „Musikalisch ist seine Geste.“ Schließlich hat er sich in Rom die beschwingt ausgeführten Zeichen abgeschaut. Er ist – so ist man sich in den 1950ern sicher – der „Toscanini von der Babenbergerkreuzung“.

Warten auf den Staatsvertrag

AN DIESEM BILD in unserer Wohnung kommt kaum ein Gast vorbei, ohne es von mir erklärt zu bekommen. Es heißt „Warten auf den Staatsvertrag", und ich finde, den Zustand des Wartens kann man kaum besser darstellen, als es auf diesem Foto gelungen ist. Warten und Wartenlassen sind Herrschaftsmittel, auch wenn uns das Sprichwort „Pünktlichkeit ist die Höflichkeit der Könige" etwas anderes nahelegen will. Es stimmt nicht. Einer Person, die man warten lässt, wird mit dem Wie und dem Wielange auch etwas über ihren eigenen Status ausgerichtet. Wartenlassen drückt – hier im politischen Sinne – die Ungleichheit der Akteure aus.

In der abgebildeten Szene lässt man drei Männer, nicht die unwichtigsten der Republik, warten. Wir schreiben Mai 1955. Zwei der Männer schauen erwartungsvoll, aber ruhig aus dem Fenster, ein dritter wartet ab, indem er gemächlich durch den Saal schreitet. Warten gelassen zu werden ist natürlich etwas Passives. Den eigenen Status definiert damit der andere, der, der einen warten lässt. Aber umgekehrt ist Wartenkönnen auch etwas sehr Aktives, geradezu Ausdruck der Insubordination, ein selbstbestimmter Akt der Emanzipation. Wer wartet, protestiert. Wer wartet, ermächtigt sich, mit Recht auf das Eintreten eines gewünschten Ereignisses zu pochen. In der konkreten Situation auf dem Bild geht es um die staatliche Souveränität Österreichs, um einen Vertrag mit den Besatzermächten.

Der berühmte Fotograf Erich Lessing hat das Foto geschossen. Es zeigt den damaligen Außenminister Leopold Figl und Bundeskanzler Julius Raab, beide von der ÖVP, die aus dem Fenster blicken, sowie Vizekanzler Adolf Schärf von der SPÖ, der wie zufällig von rechts in die Szenerie tritt. Alle drei verbindet absichtsvolles Warten. Es ist ein großkoalitionäres Bild. Ich habe mir das Foto nach der Ausarbeitung in Lessings Fotogalerie abgeholt, die er mit 89 Jahren in der Wiener Innenstadt eröffnete. Damals hat er mir auf die Rückseite noch eine Widmung drauf geschrieben, das macht es für mich sehr wertvoll. Aber nicht nur deswegen.

Lessing hat am 15. Mai 1955 natürlich ein viel berühmteres Foto gemacht als das, das bei mir zu Hause hängt. Es ist jenes vielfach publizierte, auf dem Außenminister Figl den Menschen vor dem Belvedere, vom Balkon des Schlosses aus, den Staatsvertrag präsentiert. Aber da war die Geschichte schon vollendet, da war schon klar, wie es weitergeht: Österreich wird jetzt auch von den Befreiern befreit, und der damit einhergehende Abzug der Sowjets war für die Bevölkerung in den östlichen Besatzungszonen tatsächlich eine Erleichterung. Rückblickend und nicht zuletzt durch diese mittlerweile ikonografische Fotografie der Balkonszene bekam der Moment eine zentrale Bedeutung in der Erinnerung österreichischer Geschichte. Und auf die großen Momente, so meinen wir fälschlich, läuft alles zwingendermaßen hinaus. Mit dem Wissen um den Lauf der Geschichte ist uns klar, dass alles nur so und nicht anders kommen konnte. Nur: So ist es natürlich nicht.

Aber umgekehrt ist Wartenkönnen auch etwas sehr Aktives, geradezu Ausdruck der Insubordination, ein selbstbestimmter Akt der Emanzipation.

Während die drei Männer warten, wie wir das auf dem Foto sehen, war nichts so klar, wie es im Nachhinein erscheint. Wir können uns heute kaum vorstellen, dass die höchsten Repräsentanten des Staates nicht mit Sicherheit wussten, auf wen sie in der nächsten Minute treffen werden. Aber genau so war es, erzählte Lessing.

Außenminister Figl und Bundeskanzler Raab blicken durch die Fenster des Bundeskanzleramts hinunter auf den kleinen Vorplatz. Vor allem dem Außenminister scheint durch das Wegziehen des Vorhangs eine erhöhte Neugier innezuwohnen. Unten liegt der Wiener Ballhausplatz, auf dem nun Limousine um Limousine vorfährt. Wer aus dem Wagen der sowjetischen Delegation steigen wird, wussten die beiden zu diesem Zeitpunkt nicht mit Sicherheit. Wird es ein Botschafter sein, ein Verhandler nur? Oder kommt Außenminister Molotow doch persönlich? Nur dann wird der lange ersehnte und verhandelte Vertrag zum Abschluss kommen. „Da kommt er", sagte Raab schließlich. Das Aufatmen war groß.

Stefan Zweig hat in seinen „Sternstunden der Menschheit" von historischen Begebenheiten erzählt, die den Verlauf der Geschichte verändert haben. Vielleicht ist es übertrieben, diese Situation des Wartens, in der sich das Schicksal des ganzen Landes auf eine einzige Minute verdichtet hat, als eine solche Sternstunde zu bezeichnen. Aber doch ist es einer der hellen Momente der Geschichte, ein Augenblick, in dem die zeitgenössischen Protagonisten die Erkenntnis haben, dass gerade eine wichtige Weichenstellung zum Besseren stattfindet.

Wenig später geschah, was hier so angespannt, aber ruhig erwartet wird: Der Staatsvertrag wird unterzeichnet, der Österreich wieder die volle staatliche Eigenständigkeit zurückgibt. Die Besatzungsmächte mussten ab sofort bei weitreichenden Entscheidungen nicht mehr um ihr Einverständnis gebeten werden, wie das seit Kriegsende der Fall gewesen war. Der Souverän, wie das Staatsvolk vielfach bezeichnet wird, war wieder souverän.

Eine Vorbedingung zu diesem Vertrag hat Österreich allerdings erst im Nachhinein erfüllt. Das Neutralitätsgesetz wurde im Herbst desselben Jahres beschlossen. Mit dieser Verspätung sollte die Souveränität und Selbstbestimmtheit zum Ausdruck gebracht werden. Da haben die drei Herren auf unserem Bild die Vertragspartner gleichsam umgekehrt „warten lassen". So groß war die Selbstbestimmtheit dann allerdings auch wieder nicht. Politisch hat es natürlich keine Alternative gegeben, als sich noch im Jahr des Staatsvertrags per Gesetz militärisch neutral zu erklären.

HEUTE WIRD DIE NEUTRALITÄT Österreichs vielfach als selbstverständlicher und unumstrittener dargestellt, als sie es jemals war. Von der ersten Stunde an wurde darüber diskutiert. Versteinert und geradezu tabu wurde sie allerdings erst im Laufe der Jahrzehnte. Als Österreichs Wirtschaftsleistung im Vergleich zu anderen europäischen Staaten in den 1950er-Jahren zurückfiel, kam erstmals – wenngleich nicht in der breiten Öffentlichkeit – die Debatte über einen Betritt zur EWG, einer Vorläuferorganisation der Europäischen Union, auf. Der damalige steirische Landeshauptmann Josef Krainer sen. etwa warnte davor, „in der Neutralität zu verhungern".

Diese Warnung war unbegründet. Österreich interpretierte die Neutralität in der Folge so, dass eine Integration in den europäischen Markt möglich war. Sie gipfelte im EG-Beitritt im Jahr 1995. Die wirtschaftliche Ausrichtung zum „Westen" war selbstverständlich.

Die militärische Ausrichtung dorthin thematisierte erst rund um die Jahrtausendwende der Kanzler der sogenannten „Wenderegierung", Wolfgang Schüssel von der ÖVP. Kurz nachdem er 1995 die Parteiführung übernommen hatte, beschloss der Bundesparteivorstand, Österreich solle dem Militärbündnis NATO beitreten. Die „klassische Neutralität" sah Schüssel am Ende. Als Bundeskanzler wählte er eine Formulierung, die Eingang in den

Schatz der politischen Phrasen der Zweiten Republik fand: „Die alten Schablonen – Lipizzaner, Mozartkugeln oder Neutralität – greifen in der komplexen Wirklichkeit des 21. Jahrhunderts nicht mehr." Die Welt stand damals frisch unter dem Eindruck der Terroranschläge vom 11. September 2001 in den USA nur wenige Wochen zuvor.

Welche Politikerinnen und Politiker auch immer in der Zweiten Republik solche Vorstöße gemacht haben, sie alle ruderten wenig später zurück. Die Bevölkerung sieht Umfragen zufolge die Sicherheit des Landes vor allem durch die Neutralität gewährleistet. Damit, sie infrage zu stellen, lassen sich bis heute keine Wahlen gewinnen.

Ein vorerst letztes Mal flammte die Debatte über die Neutralität auf, als Russland die Ukraine überfiel. Wie nach 9/11 wurde im Februar 2022 das Sicherheitsgefühl vieler Menschen in Österreich erschüttert. In den Wochen danach wurde von Meinungsmachern, Medien und Politik über einen Beitritt zur beziehungsweise eine größere Annäherung an die NATO diskutiert. Angestoßen und befeuert nicht zuletzt durch die Debatte in ebenso bündnisneutralen Ländern wie Schweden und Finnland.

Namhafte Persönlichkeiten des öffentlichen Lebens – quer durch das politische Spektrum – forderten „eine ernsthafte, gesamtstaatliche Diskussion über die sicherheits- und verteidigungspolitische Zukunft Österreichs" und richteten einen entsprechenden offenen Brief an den Bundespräsidenten, die Bundesregierung, den Nationalrat und die österreichische Bevölkerung. Zustande kam sie nicht. Der damalige ÖVP-Parteichef und Kanzler Karl Nehammer stellte fest, dass Österreich neutral bleiben werde. „Für meinen Teil ist damit die Diskussion beendet."

Das Gerüst des Glaubens

EIN BAUGERÜST ist keine Besucherattraktion. Könnte man meinen. Es verstellt den Blick auf die Kunstschätze und die beeindruckende Architektur. Gerade die stehen bei den Besuchern der Wiener Karlskirche, einem bedeutenden Werk des Barockbaumeisters Johann Bernhard Fischer von Erlach, im Zentrum des Interesses. Und doch zog mich – wie viele andere – einst gerade das Baugerüst an. Das war kurz nach der Jahrtausendwende, und die Konstruktion verstellte tatsächlich den Blick im prachtvollen Kircheninneren. Aber sie eröffnete auch einen Blick, den man in den Hunderten Jahren des Bestehens dieses Gebäudes nie hatte. Für die Dauer der Renovierungsarbeiten hatte man dadurch die Möglichkeit, das 1150 Quadratmeter große Freskorundgemälde aus nächster Nähe zu betrachten. In der „Laterne", also in der kleinen Kuppel, die der großen aufgesetzt ist, konnte man darüber hinaus den Heiligen Geist in Gestalt der weißen Taube bewundern. Das alles in über 50 Meter Höhe, was Altar und Kirchenbänke tief unten wie Spielzeug aussehen ließ. Es war zum Staunen, so sehr, dass es wohl selbst Ungläubige an der Nichtexistenz Gottes zweifeln lässt.

Das Zeitalter der Destruktivität und Gewalt wird vom Wiederaufbau und der Rückkehr zum christlichen Glauben abgelöst.

Allerdings war es weniger die Hoffnung auf allfällige Bekehrungen, die die Kirche noch zwei Jahrzehnte nach Abschluss der Bauarbeiten an dem Gerüst festhalten ließ, als vielmehr die Einnahmen aus dem Besucherlift. Er beförderte die Menschen in die Höhen der großen Kuppel und Geld in die Kassen für die Renovierung. Erst Ende des Jahres 2023 musste die Konstruktion dann doch weichen und entrückte das großformatige Himmelsbild wieder in jene Entfernung, die der Meister für seine Betrachtung vorgesehen hatte. Was für ein Glück, dass es noch da ist. Es hätte auch anders kommen können.

Im Oktober 1944 traf eine Bombe die Wiener Karlskirche. Die Schäden hielten sich im Vergleich zu anderen historischen Bauwerken glücklicherweise in Grenzen. Feuer am Dach der Kirche blieb Metaphorik. Es ist, wie wir rechts im Bild sehen, Symbol in Form einer steinernen Fackel geblieben. Nach Ende des Krieges wurde mit der Beseitigung der Schäden begonnen.

Die Bauarbeiter, die die Reparaturen an dem Gebäude vornehmen, turnen mit größter Gelassenheit und Leichtigkeit in 70 Meter Höhe über das Gerüst hinweg, rauchen dabei und reichen einander Material zu. Die Fotografie hat das Potenzial zum ikonografischen Bild. Es soll Wagemut und Kraft ausdrücken, die der Gesellschaft auch in der harten Zeit des Wiederaufbaus nicht abhandengekommen sind. Und es zieht eine Parallele zu einem Bild, das tatsächlich ein ikonisches Foto des Aufbaus und Aufstiegs ist: „Lunch atop a Skyscraper".

Es ist jenes Millionen Mal reproduzierte Bild von Bauarbeitern, die auf einem Stahlträger in luftiger Höhe über Manhattan sitzen, ihre Füße baumeln lassen und jausnen. Das Foto wurde Anfang der 1930er-Jahre bei den Bauarbeiten zum nunmehrigen GE-Building aufgenommen, einem der Wolkenkratzer des Rockefeller-Center. Hoch über dem Gedränge der 41. Straße stecken auch sie sich Zigaretten an und packen ihre Sandwiches aus. Wenige Bilder charakterisieren besser, wie Wille, Mut und Entschlossenheit über die Unbilden der Zeit triumphieren. Dort in New York war es die schwerste Wirtschaftskrise der damaligen Zeit.

Hier in Wien im Jahr 1959 ist die Symbolik ähnlich. Die Entschlossenheit rang allerdings nicht eine Wirtschaftskrise nieder, sondern – viel dramatischer – eine Menschheitskrise. Das Zeitalter der Destruktivität und Gewalt wird vom Wiederaufbau und der Rückkehr zum christlichen Glauben abgelöst. Hier ist es neben dem wirtschaftlichen Aufstieg also die Instandsetzung einer Kirche statt der Bau eines Hochhauses. Wobei: Das Wirtschaftswunder hatte in der Zweiten Republik die besseren Voraussetzungen als die katholische Kirche. Ihr Einfluss auf das alltägliche Leben eines großen Teils der Menschen im Land endete mit dem Jahr 1938 und der Herrschaft der Nationalsozialisten. In der Zweiten Republik konnte sie diesen Einfluss nicht mehr annähernd zurückgewinnen. Vom Glauben hatten die Menschen offenbar genug.

Wer nur 15 Jahre vor der Aufnahme dieses Bildes auf der Kuppel der Karlskirche den falschen Glauben hatte, konnte dafür sterben. Menschen, die 1944, als das Gebäude von einer Bombe getroffen wurde, nicht an den „Endsieg" glaubten, liefen Gefahr, getötet zu werden. Woran man nun im Jahr 1959 glaubte, war wieder Privatsache – und entsprach der staatlichen Idee unserer säkularen Demokratie. „Gott" kommt schon in der österreichischen Verfassung aus dem Jahr 1920 nicht vor. Mit der Zweiten Republik trat diese Verfassung wieder in Kraft.

Ihre Schöpfer, allen voran der Jurist Hans Kelsen, waren davon überzeugt, die Bundesverfassung sollte nur ein Regelwerk zur Normerzeugung sein, gleichsam die Spielregeln vorgeben, wie Gesetze entstehen. Auch wenn diese Verfassung selbstverständlich Produkt ihrer Zeit und deren gesellschaftlicher Kultur war, versuchte sie, so weit wie möglich unideologisch zu sein. Die Werte, die die Gesellschaft für sich in Anspruch nimmt, gehen aus dem Verfassungstext hervor. Es braucht also nicht – umgekehrt – eine Girlande, die man dem Text, und damit der

Republik, umhängt. Ihr Recht geht vom Volk aus. Nicht unwichtig: Es heißt nicht einfach „das Recht", nein, nur „ihr Recht geht vom Volk aus". Nicht einmal in dieser wohl nur für Rechtsphilosophen bedeutenden Unterscheidung macht der Verfassungstext ein Zugeständnis an eine Idee.

Der Ständestaat der Zwischenkriegszeit hatte 1934 die Vorstellung von Gott, dem Allmächtigen, „von dem alles Recht ausgeht". Eine weltanschauliche Neutralität des Staates ist auf diese Weise schwer herzustellen. Erfahrungen aus Religionskämpfen, die es in Österreichs Geschichte gegeben hat, und seien es solche innerhalb der christlichen Religion gewesen, würden diese Neutralität nahelegen. Die Säkularisierung des Rechts gilt als Errungenschaft der Aufklärung. Glaubens- und Gewissensfreiheit, wie sie die Grundrechte vorsehen, sind mit der Bezugnahme auf eine wie auch immer formulierte Gottesformel schwer in Einklang zu bringen.

Man versuchte es am Beginn der Zweiten Republik auch gleich gar nicht. Die bisherigen „Christlich-Sozialen" strichen den religiösen Anklang aus dem Namen und nannten sich von nun an „Volkspartei". Ein Protagonist der ersten Stunde, dazu gläubiger Christ und im katholischen Cartellverband (CV) verwurzelt, Julius Raab, sagte: „Wir sind keine konfessionell gebundene Partei."

Umgekehrt wollte sich die katholische Kirche von Beginn der neuen Republik an weniger denn je in die Politik einmischen. Am Mariazeller Katholikentag im Jahr 1952 verabschiedeten die Teilnehmer ein Manifest, das parteipolitisches Engagement weit von sich wies. Kritisch auf die Verwicklungen in Monarchie, Erster Republik und Ständestaat zurückblickend, formulierte man, wohin man nicht mehr zurückkehren wolle: „(…) zum Staatskirchentum (…) zu einem Bündnis von Thron und Altar (…) zum Protektorat einer Partei über die Kirche".

Um die Jahrtausendwende flammte die Debatte über die rechtliche Formulierung des Verhältnisses von Religion und

Staat noch einmal auf. Ein im Jahr 2003 ins Leben gerufener sogenannter „Österreich-Konvent" sollte grundlegende Änderungen der Bundesverfassung erarbeiten. Dabei führte der damalige ÖVP-Klubobmann Andreas Khol, eine zentrale Persönlichkeit der damaligen Regierung unter Kanzler Wolfgang Schüssel, die Bezugnahme auf Gott in der Verfassung ins Treffen. Diese Idee hatte allerdings, wie alle anderen Vorschläge dieses Konvents, die über kleine Reförmchen hinausgingen, keine lange Halbwertszeit. „Gott" kam nicht in die Verfassung, und es wurde ihr auch keine Einleitung, keine Präambel, vorangestellt, die ein Wertegerüst beinhaltet hätte.

DIE VERBINDUNG zwischen Kirche und Staat blieb also bei dem, was 1933 im Konkordat zwischen Republik und Heiligem Stuhl vereinbart wurde. Ihre Beziehung wurde in der Zweiten Republik anders als zuvor geradezu von einer weitgehend emotionslosen Geschäftsmäßigkeit geprägt. Diesem Konkordat zufolge mischt sich die Republik ein wenig in Innerkirchliches ein, etwa bei der Auswahl der Bischöfe durch den Papst. Umgekehrt mischt sich die Kirche bei der Auswahl von Universitätsprofessoren ein, wenn es um die katholisch-theologischen Fakultäten geht. Das berührt die allerwenigsten Menschen in Österreich. Selbst 1995, im Zuge der Missbrauchsaffäre rund um Erzbischof Hans Hermann Groer, kam niemand auf die Idee, die Republik mitverantwortlich zu machen, nur weil der Ministerrat bei seiner Ernennung formell die Zustimmung erteilt hat. Einzig die Regelungen über das Kruzifix in Schulklassenzimmern, über den konfessionellen Religionsunterricht oder die staatliche Finanzierung kirchlicher Bildungseinrichtungen rufen zuweilen Kritik hervor.

2013 gab es daher ein Volksbegehren „gegen Kirchenprivilegien". Selten klaffte die Übereinstimmung mit den Anliegen eines Begehrens in der Bevölkerung und die Unterstützung dieses Begehrens durch dieselbe weiter auseinander: Religion spielte zu jener Zeit im Alltag der Menschen bereits eine so geringe Rolle, dass gerade einmal ein halbes Prozent der Wahlberechtigten sich für die Forderungen interessierte. Dafür einzutreten war den allermeisten nicht wichtig. Die Schwelle von 100.000 Unterschriften, die für eine Behandlung im Parlament nötig sind, wurde weit verfehlt.

Interessant daher, dass ausgerechnet ein ÖVP-Kanzler sechs Jahre später, 2019, eine Forderung aus diesem Volksbegehren aufgriff und einen „Steuerprivilegien-Check" befürwortete, der auch die Kirche „massiv hinterfragen" soll. „Super. Bitte Vollgas geben", beauftragte Sebastian Kurz seinen zuständigen Verhandler, den Generalsekretär im Finanzministerium, der das so verstanden haben will, dass er dem Kirchenvertreter Angst machen sollte. Faktische Konsequenzen hatte das für die Kirche nicht. Anders als eine Entscheidung im selben Jahr über den Karfreitag, und zwar für vor allem für die Mitglieder der evangelischen Kirchen in Österreich.

Der Europäische Gerichtshof hielt es für diskriminierend, dass nur für diese der Karfreitag ein gesetzlicher Feiertag war. Daraufhin kreierte der Gesetzgeber die neue Art eines „persönlichen Feiertags". Arbeitnehmer evangelischen Glaubens können sich seither auch ohne Einvernehmen mit dem Arbeitgeber am Karfreitag einen Urlaubstag nehmen.

Ruhe haben sie deswegen allerdings keine, auch nicht mehr Kärnten. Dort gab es im Jahr 2024 die Entscheidung des Verfassungsgerichtshofs, wonach ein „Tanzverbot" für den Karfreitag – aber auch ganz generell ein Verbot von Veranstaltungen – nicht rechtskonform sei. Stille ist kein Trend der Zeit – oder, wie es in der Begründung des Höchstgerichts heißt, sie greift in diesem Fall über die Maßen in die Erwerbsfreiheit, etwa von Tanzveranstaltern, ein.

Unser Bild des Wiederaufbaus anhand der Bauarbeiten am Dach der Karlskirche symbolisiert also zwei gegenläufige Entwicklungen. In dem Maße, wie die römisch-katholische Kirche ihren Einfluss auf die Gesellschaft und ihre Wertehaltungen einbüßt, gewinnt die Wirtschaft Einfluss auf die Wertehaltungen der Menschen.

Zu Beginn der Zweiten Republik bekannten sich etwa 90 Prozent der Bevölkerung zur katholischen Kirche. Ein großer Teil der restlichen zehn Prozent waren evangelische Christen. Die Zahl der Juden hatte sich auf unter zehntausend verringert. Der Islam spielte eine weniger bedeutende Rolle als noch in der Monarchie. Das hat sich in acht Jahrzehnten seither grundlegend geändert. In der Gegenwart gehört nur noch die Hälfte der Bevölkerung der katholischen Kirche an, was etwa viereinhalb Millionen Menschen entspricht. Etwas mehr als 300.000 gehen österreichweit sonntags in die Kirche. Noch in den 1990er-Jahren waren es deutlich mehr als eine Million Gottesdienstbesucher. Zugenommen hat die Zahl jener, die sich zur Religion des Islam bekennen. Er ist mit geschätzt einer drei viertel Million Gläubigen zur zweitgrößten Religion im Land geworden.

NICHT VERWUNDERLICH, wenn das in unterschiedlicher Intensität immer wieder zu Wertedebatten führt. Es zeigt sich, dass sich die Gesellschaft über die Jahrzehnte hinweg immer wieder ihrer eigenen Werte versichern will. Schließlich verändern sich ihre Zusammensetzung und ihre religiösen Einstellungen rascher denn je. Aber was macht uns im Innersten aus? Im sechsten Jahrzehnt der Zweiten Republik, rund um die Jahrtausendwende, hält der Begriff der „Leitkultur“ Einzug in unseren Sprachschatz.

Zuerst wurde er vor allem in Zusammenhang mit Unternehmen und ihrer alltäglich praktizierten Kultur des Zusammenarbeitens verwendet. Heute gibt es kaum ein Unternehmen, das nicht in irgendeiner Form eine solche Selbstversicherung entwickelt hat. Und selbst wenn sie kaum mit der gelebten Kultur übereinstimmt – Kritik daran kommt selten.

Anders verhält es sich, wenn es um die Leitkultur der Gesellschaft geht. Zuletzt gab es einen solchen Versuch der Definition im Jahr 2024, im Vorfeld der Nationalratswahl. Und es wäre tatsächlich interessant herauszuarbeiten, was uns in Österreich, 80 Jahre nach Ende des Nationalsozialismus, alltagskulturell ausmacht. Nur leider gleitet die Debatte rasch ab. Sobald Schnitzel und Blasmusik ins Treffen geführt werden, ist die Lächerlichkeitsschwelle unterschritten – und die Debatte erstirbt wieder.

Schon die Art und Weise, wie wir einander in Alltagssituationen begegnen, zeigt, wie schwierig es ist, diese Alltagskultur auf einen gemeinsamen Nenner zu bringen. Junge Praktikanten etwa sprechen mich mit allergrößter Selbstverständlichkeit bei unserer ersten Begegnung im Büro mit „Du“ an. Wie auf Kongressen, die sich mit der Verordnung des „Du“ den Anstrich der hippen Zukunftsgewandtheit geben wollen, ist mir das „Du“ mit fremden Menschen unangenehme Nähe. Gleichzeitig erscheint mir das „Sie“ bei ebensolchen fremden Menschen in meiner viel frequentierten Zweitheimat des Salzkammerguts als geradezu affektierte Distanz. Da bin ich derjenige, der ältere Mitbürger gleich bei der ersten Begegnung mit Du anspricht. Was richtig ist und Brauch und Sitte entspricht, müssen Gerichte – nicht nur in einem solchen Fall – zuweilen mit soziologischer Genauigkeit ergründen.

Im Jahr 2008 ereignete sich in Tirol dazu ein exemplarischer Fall. Bei einer Wasserrechtsverhandlung in der kleinen Gemeinde Kirchdorf duzte der Bürgermeister den ebenso daran teilnehmenden Parteienvertreter, einen Wiener Rechtsanwalt, gegen dessen ausdrücklichen Willen. Wie in meiner Referenzgemeinde im Salzkammergut gilt dort das „Du“ offenbar als üblich – schließlich befindet man sich auf knapp 700 Meter Seehöhe. Was sich nun ereignete, war ein „Clash of Culture“. Der vom Bürgermeister Geduzte klagte auf Unterlassung solcher Anrede – und bekam vom Oberlandesgericht Innsbruck recht. Dass nun aber jedermann einen Rechtsanspruch darauf hat, per „Sie“ angesprochen zu werden, bedeutet das natürlich nicht. In der Begegnung zweier anderer, vielleicht Einheimischer, könnte auch das „Du“

ausreichend Respektbezeugung sein. Was Sitte und Brauch ist, lässt sich also nicht mit mathematischer Genauigkeit festlegen.

Mit den Werten, die uns ausmachen, verhält es sich ein wenig so, wie mit der berühmten Frage nach der Zeit, und was sie denn sei. Der römische Bischof und Kirchenlehrer Augustinus meinte: „Wenn mich niemand danach fragt, weiß ich es. Will ich es einem Fragenden erklären, weiß ich es nicht." So geht es uns wohl oft, wenn wir darüber nachdenken, was Österreichs Gesellschaft wesentlich prägt und wie sie sich von anderen Gesellschaften unterscheidet. Wir wissen, was sich gehört und wie wir einander begegnen. Wir wissen, wie wir Konflikte lösen, ehe wir die Gerichte damit befassen. Wir wissen, wie man sich bei welchen Gelegenheiten kleidet und welche Gelegenheiten man auf welche Weise feiert. Wir wissen, wie tolerant wir sein wollen gegenüber Andersdenkenden und -handelnden, und wo wir dann doch eine Grenze ziehen müssen. Wir wissen, dass das Recht in unserem Land nicht Ausdruck all unserer Werte ist, weil es auch noch so etwas wie die Sitte gibt, und wir wissen daher, dass das Recht – konkret das Strafrecht – nicht die Grenze politischen und gesellschaftlichen Handelns sein kann. Aber wenn jemand von uns verlangt, einen Wertekatalog niederzuschreiben – „will ich es einem Fragenden erklären" –, dann wissen wir es nicht.

Und noch etwas Zweites wissen wir nicht: Was tun mit einem solchen „Leitwerte-Katalog", gelänge es uns doch, einen zu verfassen? Was wollen wir daran messen? Wen „leitet" er an? Wer hält ihn wem bei welcher Gelegenheit vor? Die Säkularisierung der Gesellschaft in der Zweiten Republik stellt uns also vor einigermaßen viele und schwierig zu beantwortende Werte-Fragen.

ÜBER EINEN WERT allerdings fand die Gesellschaft immer mehr Konsens, und zwar über den Geldwert. Was immer es zu argumentieren galt – sobald der Satz „Aber es rechnet sich" anzuwenden war, war eine Diskussion beendet. Der Einsatz der Bevölkerung in der Nachkriegszeit rechnete sich tatsächlich. Die Arbeiter auf dem Dach der Karlskirche konnten davon ausgehen, dass ihre Kinder es einmal besser haben werden. Denn die von ihnen gerade durchlebten wirtschaftlichen Phasen gaben dazu Hoffnung. Das Jahrzehnt vor der Aufnahme unseres Fotos, im Wesentlichen die 1950er-Jahre, brachte den großen Aufschwung. Das Wirtschaftswachstum lag durchschnittlich jedes Jahr über sechs Prozent. Ein Bauboom setzte ein, der die Nachkriegsstädte veränderte. Große Infrastrukturprojekte formten das Land. Ein Kraftwerksbau wurde 1955 sogar Thema im Heimatfilm: „Das Lied von Kaprun" mit Waltraut Haas.

Der Spruch von der besseren Zukunft, die die Kinder einmal haben sollten, basierte immer auf der Idee einer materiellen Verbesserung, einem höheren Einkommen, der Möglichkeit, noch mehr Eigenheime, Doppelgaragen und Fernreisen erwirtschaften zu können. Insofern war klar, dass bei wirtschaftlichen Stagnationen oder gar Einbrüchen das Lamento über die ach so schwierigen Zeiten an dieser eingängigen Phrase festgemacht wird: „Unsere Kinder werden es nicht besser haben können als wir …", heißt es fortan. Aber ist das tatsächlich der Fall? Vielleicht braucht es einfach ein anderes „Besser-Versprechen" als bisher.

So unglücklich, wie wir oft meinen, waren die Menschen nach Ende von Krieg und Gewaltherrschaft gar nicht. Die Erzählungen über die Entbehrungen zu Beginn der Zweiten Republik zeichnen teilweise ein falsches Bild. Bekanntlich ist eine Gesellschaft, in der Vermögen nicht allzu ungleich verteilt ist, insgesamt glücklicher. Zu Beginn der Zweiten Republik war das mehr der Fall als davor und danach. Viele Werte lagen damals, wie auf unserem Foto aus dem Jahr 1945, buchstäblich in Trümmern. Erspartes war verbrannt – real oder buchhalterisch. Es war eine selten egalitäre Gesellschaft.

Meine Großmutter besaß Schmuck, wie ich durch viele Geschichten aus meiner Kindheit weiß. Aber dieser Schmuck hatte damals am Land, wohin sie wegen der Bombenangriffe auf Linz geflohen war, auch nach dem Mai 1945 nicht viel mehr Wert als ein Kilo Mehl oder ein Stück Fleisch. Wenn sie „hamstern" war, schickte sie, die Pragerin, ihre aus Oberösterreich stammende Schwägerin vor, weil die mit ihrem lokalen Idiom bessere Chancen hatte, selbst teure Schmuckstücke in Lebensmittel zu tauschen.

Die Gleichheit der Gesellschaft bestand also eher im Mangel als im Überfluss. Das Überleben zu sichern, klappte gerade so recht und schlecht. Klar ist daher, dass die Hoffnung auf Materielles gerichtet war. Ein immer größer werdender Teil der Gesellschaft hatte im Lauf der Jahrzehnte immer weniger Mangel – und mehr, als es zum Überleben braucht. Wozu also überhaupt die Forderung nach der Erzählung, die Kinder sollten es (materiell) noch besser haben? Ja, sie sollen es besser haben – aber wir können durch viele Veränderungen unseres gegenwärtigen Lebens, die nicht unmittelbar mit der eigenen ökonomischen Ausstattung zusammenhängen, zu dieser Verbesserung beitragen.

Meinem Prager Onkel Vláda, den wir eingangs vor der Sendeanlage am Lichtenberg kennengelernt haben, verdanke ich eine interessante Beobachtung. In der entbehrungsreichen Zeit des Kommunismus besaß er ein Auto (einen Škoda natürlich), der sich nur durch eine der drei oder vier angebotenen Farben von den anderen Fahrzeugen in seinem Land unterschied. Gleichzeitig sah er, wie seine konsumorientierte Verwandtschaft jenseits des Eisernen Vorhangs lebte. Dennoch richtete er nach Ende des „real existierenden Sozialismus" sein Engagement auf etwas Seltsames – jedenfalls für meine damaligen Begriffe als Jugendlicher. Er setzte sich ab 1989 nicht etwa dafür ein, selbst mehr und mehr Eigentum zu erwerben und konsumieren zu können, sondern vertrat pro bono den Orden der Borromäerinnen in den Restitutionsverfahren gegen die gerade gegründete Tschechische Republik. Und als er damit einige Erfolge erringen konnte, nützte er seine Erfahrung als ehemaliger Angestellter der staatlichen tschechoslowakischen Baugesellschaft, kirchliche Gebäude restaurieren zu helfen. Eines dieser Gebäude war die

Spitalskirche der Borromäerinnen am Fuße des Burgbergs zu Prag. Aus dieser trug ich später – gemeinsam mit anderen – seinen Sarg. Ich erinnerte mich daran, als ich bei meinem Ausflug zum Heiligen Geist in der Laterne der Karlskirche bei der Votivtafel zu Ehren des Heiligen Karl Borromäus vorbeikam, dem die Kirche geweiht ist.

Endliches Eis – ewiger Event

ES WAR EIN WINTER, wie wir ihn heute kennen: Ein schmales weißes Band zieht sich durch die ansonsten grün-braune Landschaft. Und das Ende Jänner – zumeist eine sehr schneesichere Zeit in Seefeld bei Innsbruck. Doch vor den Olympischen Spielen, die Anfang Februar 1964 dort beginnen sollten, ließ das Wetter aus. Es schneite nicht, und das waren keine guten Voraussetzungen für die Bewerbe. Auch nicht für das Bild, das Österreich und seine Wintertourismusorte in die Welt schicken wollten.

Der Stimmung unter den Teilnehmern tat das keinen Abbruch. Auch Groß-Sportveranstaltungen wie die Olympischen Winterspiele waren damals noch so klein, dass die Konkurrenten im Wettbewerb zuvor genügend Muße aufbrachten, ganz zwang- und formlos aufeinanderzutreffen. Man hatte Zeit. Bereits zwei Wochen vor den Rennen reisten die Langläufer an. Auf unserem Bild filmt der sowjetische Langläufer Pawel Koltschin den US-Amerikaner Mike Elliott. Zwei schwedische Athleten genießen unterdessen die Sonne. Noch ist nicht alles durchgetaktet, rationalisiert und kommerzialisiert. Wir sehen vier Sportler – und nicht ein einziges Firmenlogo.

Der Begriff „Klimawandel“ war 1964 noch unbekannt, selbst in wissenschaftlichen Kreisen. Aber genau in dieser Zeit setzte er so richtig ein.

Und doch trügt die Idylle des gemütlichen Aufwärmens am Waldesrand. Olympia war bereits ein mindestens ebenso großes „Non-Sport"-Ereignis, wie es ein Sportereignis war. Es war beispielsweise ein Bauunternehmen. Die aus damaliger Sicht gigantische (und aus späterer Sicht sozialpolitisch gescheiterte) Begleitmaßnahme war die Errichtung von acht zehnstöckigen Hochhäusern in Innsbruck, euphemistisch „Olympisches Dorf" genannt. Ab den 1960er-Jahren begannen sich Sport-Großveranstaltungen zu Events zu entwickeln, bei denen das Rundherum, vor allem der wirtschaftliche Effekt (nicht unbedingt der wirtschaftliche Nutzen), wesentlicheres Kriterium wurde als der Wettbewerb der Athletinnen und Athleten. Die Olympischen Spiele des Jahres 1964 stehen auf der Schwelle dieses Übergangs. Sie trugen schon einige der neuen Charakteristika in sich, die solche Ereignisse künftig prägen sollten: Gastronomie und Nächtigungen, Besucherzahlen und Partys, Infrastruktur-Projekte und Reklame rückten zunehmend ins Zentrum. Es entsprach der Logik des Immer-Mehr und Immer-Größer. Noch war unschuldiges Wachstumsstreben möglich, und kein österreichisches Bergdorf wollte darauf verzichten. Wintertourismus, gerade noch den Hauch des Luxus atmend, wurde spätestens im darauffolgenden Jahrzehnt zum Massentourismus. Es begann die Verwandlung unserer jahrhundertealten ländlichen Kultur des Bäuerlichen in einen Freizeit-Funpark.

Noch wirtschaftete die letzte Generation, für die das Dorf Zentrum des bäuerlichen Lebens war. Binnen der nächsten Generation, bis zum Ende des Jahrhunderts, änderten sich Lebens- und Arbeitsverhältnisse, vor allem in der alpinen Welt unseres Landes, derart, dass die bäuerliche Kultur so gut wie zum Verschwinden gebracht wurde.

Der Fremdenverkehr zog in die Bauernhöfe ein, wo die Familie während der Saison ihre Zimmer zu „Fremdenzimmern" machte und in den Nebenräumen auf engem Raum zusammenrückte. Bald schon wurden aus den Höfen Pensionen und Hotels garni, die neben Betten kleine Imbisse anboten. Am Ende der Entwicklung steht nun nicht nur der riesige Hotelkomplex samt Spa-Bereich und Tiefgarage, sondern viel raumgreifender und augenscheinlicher: das Chaletdorf am Berg mit direkter Anbindung ans weiß leuchtende Schneeband.

Schon bei Aufnahme unseres Bildes im Jahr 1964 schrieb ein scharfer Beobachter der Zeit, Helmut Qualtinger, an einem neuen Kabarettstück über die hier behandelten Entwicklungen. Er sah, wie die Landwirte „buntfarbene Prospekte" hinausflattern ließen, „um schon die ersten Vorboten des großen Fremdenstromes in Haus oder Scheune zu lenken". Es war – wie er das ausdrückte – die Zeit der „Nutzbarmachung des Fremden für die österreichische Wirtschaft". „Straßen ohne Straßenmaut, Sehenswürdigkeiten ohne Eintrittsgebühr, schöne Aussichten ohne Konsumationszwang" galten als „Überbleibsel einer barbarischen Epoche".

Am Ende dieser Entwicklung steht aber nicht nur das Chaletdorf als Symbol für die Auswüchse solcher Inszenierung unserer Lebensumgebung, sondern auch die wachsende Skepsis der Menschen gegenüber Events dieser Art. In Tirol etwa hat sich 2017 die Bevölkerung im Zuge einer Volksabstimmung mehrheitlich dagegen entschieden, dass sich ihr Bundesland für die Olympischen Winterspiele 2026 auch nur bewerben soll. Da half nicht einmal, dass sich ein beliebtes Ski-Idol und „Jungvater", wie er tituliert wurde, als „Olympiabotschafter" für eine Bewerbung einsetzte. Die Entscheidungsträger zeigten sich ob des Ergebnisses der Abstimmung geschockt. Dabei war eine solche Entwicklung absehbar. Wenige Jahre zuvor, 2013, stimmten die Wienerinnen und Wiener noch deutlicher, und zwar fast mit einer Dreiviertel-Mehrheit, gegen die Bewerbung ihrer Stadt für die Austragung der Olympischen Sommerspiele 2028. Das Versprechen von Wohlstand durch Megaevents in der eigenen Region zieht nicht mehr. Nicht einmal mehr die Aussicht auf eine große wochenlange Party steigert die Akzeptanz dafür.

Denn immer verstörender sind die Bilder, die uns von solchen Ereignissen erreichen. Die ausgehenden 1990er-Jahre waren Kipppunkt einer Entwicklung, die auch mich bis dahin faszinierte.

Ich kannte die Entwicklung aus den Fotoalben meines Vaters. Als er sich nach dem Krieg in den von US-Soldaten frequentierten Linzer Bars als Schlagzeuger verdingte, hatte er die nötige Barschaft für ausgedehnte Skiurlaube in Kitzbühel. Auf den Bildern, die dabei entstanden, sind vor den Häusern allenthalben Schneemassen zu sehen. Ausreichend Schnee war damals allerdings keine Besonderheit. Besonders war vielmehr das, was sich drinnen, in diesen Häusern abspielte – beim Après-Ski, wie das neuerdings hieß. Man feierte auf eine Art, wie sie bis dahin nur aus urbanen Zentren bekannt war. „Am Land" war das neu. Sowohl für die einheimische Bevölkerung als auch für die „Fremden" lag in dieser Verbindung von Dorf und Urbanität ein exotischer Luxus. Die einen sahen nun ihre Zukunft nicht mehr ausschließlich in der bäuerlichen Kultur. Die anderen genossen die Möglichkeit, den Skitag bei Musik, Likören und von den Lüstern hängenden Papierschlangen ausgelassen ausklingen zu lassen. Nicht zuletzt verdrängte das die Erinnerung an die Entbehrungen der unmittelbaren Nachkriegszeit. Die Ausgelassenheit, die auf den alten Schwarzweißfotos zu sehen ist, kommt allerdings mit Sakko und Krawatte oder im Abendkleid daher. Auf den Tischen im „Casino Reisch" stehen die Sektkübel, zwischen den Fingern aller Damen und Herren stecken Zigaretten.

Die Attraktion dieser Atmosphäre lag vor allem in ihrer Außergewöhnlichkeit. Hier, wo die Möglichkeiten so lange viel begrenzter waren als in den städtischen Zentren des Wiederaufbaus, war scheinbar plötzlich alles möglich.

ICH ERINNERE MICH, als ich in den 1970er-Jahren mit meiner Großmutter „mit dem Transalpin!", wie sie ausrief, meinen Eltern auf den Arlberg nachreiste. Im Schneesturm traten wir mit viel Gepäck und wenigen anderen Ankommenden aus dem Zug und auf den Bahnsteig in St. Anton. Ohne damals Thomas Manns Buch gekannt zu haben, steckte in dieser wie in den Szenen aus den Fotoalben meines Vaters, wie ich später dachte, die Atmosphäre des Zauberbergs. Der Arlberg wurde – elterlich bedingt – lange mein Wintersportort. An diesem Dorf, das während der „Saison" zur Stadt wurde, lässt sich die hier beschriebene Transformation gleichsam wie unter Laborbedingungen beobachten.

Als Einzelkind musste ich bei diesen Arlberg-Urlauben – tatsächlich als einziges Kind – oft in den abendlichen Runden der Erwachsenen dabei sein. An solchen Abenden hörte ich von abenteuerlichen Plänen – was ich faszinierend fand. Ein Hotelier erzählte vom Bau eines Weinkellers, den ich mir so groß vorstellte wie unsere Genossenschaftswohnung in Linz. Tatsächlich sollte er später noch viel größer ausfallen, mit Flaschen, von denen der Preis einer einzigen die Jahresmiete unserer Wohnung weit überstieg. Ein anderer Gastronom hatte einen Barbereich errichtet, in den die durch eine Glasscheibe abgetrennten Schafe den Gästen in die Cocktailgläser schauen konnten. Plötzlich gab es in diesem ländlichen Dorf St. Anton Tiefgaragen in der Größe, wie sie in keiner Landeshauptstadt zu finden waren. Später wurden Tunnel in die Berge gesprengt, um Abfahrten und ganze Skigebiete miteinander zu verbinden.

Und dann kam eine Sport-Großveranstaltung, nach der ich den Ort nicht mehr wiedererkannte – gleichsam Olympia 64 reloaded: Die Skiweltmeisterschaften im Jahr 2001, die die Verlegung des Bahnhofs mit sich brachten. Es war mein letzter Besuch am Arlberg – ausgerechnet mit dem russischen Präsidenten Putin. Ich hatte als Fernsehreporter seinen Besuch beim damaligen Bundeskanzler Schüssel zu covern. Der Brutalismus der Verwandlung des alpinen Raums fand seine Entsprechung in dem Brutalismus, der diesem Mann bereits damals erkennbar innewohnte. Er wurde nur von seinen unbeholfenen, zur Karikatur verkommenen Adlaten konterkariert. Sie wuselten in ihren Halbschuhen mit den glatten Sohlen rund um den Staatschef, jeweils an eine Hand einen schwarzen Koffer gebunden. Es hieß, darin befänden sich Atomcodes, die immer verfügbar sein müssten. Meistens lagen sie aber, zusammen mit ihren Trägern, irgendwo im Schnee.

Der Ort dieses Politgipfels war gewählt, um auch Österreichs Berggipfeln zusätzliche Publizität bei dem nicht so sportaffinen Publikum zu verleihen. Wir waren schließlich noch in der Phase des Immer-Mehr und Immer-Größer. In einem katholischen Land hat das mitunter bizarre Auswüchse. Tragt Berge ab, füllt alle Täler auf, heißt es in der Bibel sinngemäß – was bis zum Äußersten gedacht natürlich auch den alpinen Skilauf obsolet machen würde. Beim Plan der Zusammenlegung zweier Gletscherskigebiete im Jahr 2019 im Pitztal sollte – wie es kritische Stimmen nannten – ein Gipfel gesprengt werden, der Linke Fernerkogel. Der Projektwerber widersprach solchen Formulierungen. Es würden gerade einmal knapp 40 Meter Berg abgetragen und eine „Gratspitze begradigt. Bei Gott aber kein Gipfel". Diese „Gletscher-Ehe", wie das Projekt passenderweise genannt wurde, scheiterte wie eine neuerliche Olympia-Austragung ebenfalls an einem Volksentscheid. Einigen Mitgliedern der zuständigen Wahlbehörde war ein anderer Ausgang derart wichtig, dass sie sich sogar zur Fälschung von Stimmzetteln haben hinreißen lassen. Sie wurden zu vergleichsweise hohen Strafen verurteilt. Wahlen und Abstimmungen als fundamentale Grundwerte unserer Demokratie sollen uns noch im späteren Verlauf dieses Buches, anhand des Bildes eines Wahlausgangs im Jahr 2016, näher beschäftigen.

DIE HYBRIS DER GESELLSCHAFT der 1960er-Jahre, als nicht der Wiederaufbau, sondern ausschließlich der Aufbau so rapid Fahrt aufnahm, gipfelt in der Erzählung meiner lieben Freundin D. Sie stammt aus einem bekannten Tiroler Tal und erzählte mir einst von einem Mitglied ihrer Familie, die phasenweise Bürgermeisteramt, Seilbahnchef, Hotelier, Sportgeschäft, Kirchenwirt und Lawinenkommissionsvorsitz in einer Person vereinte. „Und dann", meinte sie mit krachendem „K" auch in Sätzen, die diesen Buchstaben gar nicht beinhalten, „haben wir den Gletscher gemacht". Ich erwiderte, dazu könne höchstens der liebe Gott in der Lage gewesen sein – aber ich verstand ihren Zugang. Die Schaffung des Gletscherskigebiets (auch in diesem Fall ohne Verehelichung mit dem benachbarten) war Turbo für die weitere Erschließung der Bergwelt.

Jene Freundin, die ihr berufliches Glück später zwar in anderen Weltengegenden gefunden hat, erschien mir dennoch wie eine Figur aus Felix Mitterers „Piefke-Saga". Dieser TV-Vierteiler der 1980er-Jahre zählt – nach Qualtingers erster, geradezu zaghafter Kritik an den Auswüchsen der Bewirtschaftung unserer Landschaft – zur zweiten großen populären Analyse dieser Entwicklungen. Er erzählt von den Konfliktlinien im immerwährenden Kampf zwischen Tourismus und Naturschutz, berührte Befürworter und Gegner gleichermaßen und sparte nicht an Selbstironie. Die kurze TV-Serie über die Tiroler Identität traf genau den Nerv der Zeit und wurde mittlerweile selbst zu einem Teil dieser Tiroler Identität. Der Ausruf „Ich reise ab!" des in der Serie entworfenen Prototyps des Piefkes, die Figur des Karl-Friedrich Sattmann, ist mittlerweile Teil des regionalen Zitatenschatzes.

Der Keim, nicht zuletzt dieser in der „Piefke-Saga" gezeichneten Entwicklung, lag bereits im „Casino Reisch" und den Abenden in Kitzbühel der 1950er-Jahre, wie ich sie aus den erwähnten Fotoalben meines Vaters kannte – auch wenn Zigaretten zwischen den Fingern der Besucherinnen und Besucher der Après-Ski-Bars mittlerweile verboten sind. Die letzte Blüte sahen wir wohl im Ischgler „Kitzloch". Das Lokal steht symbolisch am vorläufigen Ende der Entwicklung österreichischen Wintersport-Entertainments. Als zu Beginn der Corona-Pandemie dieser Gastronomiebetrieb als Virenschleuder identifiziert wurde, blickten viele Menschen und Medien genauer auf die Auswüchse heimischer Tourismusangebote. Die Bilder, die damit einhergingen, zeigten vielfach eine ins Groteske gesteigerte Wirklichkeit, die selbst die Dystopie im vierten Teil der „Piefke-Saga" übertrifft.

Neben Felix Mitterer ist es ein weiterer Tiroler Künstler, der uns in diesem Zusammenhang den Spiegel vorhält: der Fotograf Lois Hechenblaikner. Seine Bilder zeigen eine Welt, von deren Existenz viele nichts wissen: Kalte Kellergänge im Neonlicht, in denen die Schnaps- und Bierleitungen nach oben zu den Enthemmten und Betäubten führen, die sich in angepissten Hosen zwischen leeren Flaschen an aufblasbaren Sexpuppen abarbeiten, denen alles Mögliche in alle möglichen Löcher gestopft wird. Die ökonomische Hybris verkörpert ein in ein Riesenaquarium gestellter neuer Porsche, mitten auf der Piste, und die Rechnung über drei Flaschen aus der Champagner-Hütte, zu je knapp 3000 Euro. Am Ende liegen die Besinnungslosen in den Müllbergen in den Überresten des geschmolzenen Kunstschnees – nur eine der ökologischen Folgen dieser Auswüchse.

Im Jahr 2020 erschien Hechenblaikners Bildband „Ischgl", der ein Vierteljahrhundert entglittenen und pervertierten Tourismus in Ischgl zeigt, einem Ort mit 1600 Einwohnern und 12.000 Gästebetten. Es war nicht sein erstes Buch. Ich lernte ihn kennen, als er bei einer meiner Buchpräsentationen war, und selbst gerade den Band „off piste" publiziert hatte. Eine neuerliche, einschlagende Kritik an so manchen Entwicklungen der Berge zu einem Funpark, die zu Anfeindungen führte. In einem Interview erzählte er, dass er geradezu isoliert lebe, eines seiner Kinder im Ausland zur Schule gehe. Dies sei der Preis, wenn man seinen Landsleuten den fotografischen Spiegel vorhält.

UNSER AUSGANGSBILD von den Winterspielen 1964 markiert nicht nur die Schwelle, an der unschuldige kleine Sportveranstaltungen zu raumgreifenden, die Lebensumgebung verändernden Großevents wurden. Das Aufnahmejahr liegt auch in jenem Zeitraum, in dem die Erderhitzung so richtig Fahrt aufnahm. Es ist keine zufällige Gleichzeitigkeit. 1964 war auch das Jahr, als die erste Schneekanone ihren Betrieb aufnahm. Sie stand in Deutschland, in der kleinen hessischen Gemeinde Siedelsbrunn. In Österreich waren Schneekanonen damals noch nicht im Einsatz.

Um den Langläufern auf dem Foto das Training zu ermöglichen, wurde der Schnee für das schmale Band künstlich an diese Stelle gebracht. Er wurde aber noch nicht künstlich hergestellt. Kanonen, die aus riesigen Reservoirs in den Bergen Wasser ansaugen und es in kleine Eiskristalle verwandeln, wurden noch nicht eingesetzt.

Die Aufrüstung der Berge in Österreich mit Schneekanonen setzte erst in den 1980er-Jahren ein. Als Kind begeisterte es mich, wenn über die am Arlberg immer schon bald ausapernden Stellen wieder ein Schneebelag gelegt werden konnte, damit man auch die letzten Meter bequem bis ins Tal gelangen konnte. Es war das naive Staunen darüber, wie der Mensch auf scheinbar nicht in seinem Einflussgebiet liegende Dinge wie das Wetter einwirken kann. Vorerst war es eine an einer Hand abzählbare Anzahl an Schneekanonen, die einige exponierte Stellen abdeckten.

Heute dürften etwa 33.000 solcher Geräte im Einsatz sein, die allermeisten seit den 2010er-Jahren. Dadurch können in Österreich etwa 70 Prozent der Pisten künstlich beschneit werden. Das bringt durch den termingenau planbaren Wintertourismus etwa 130.000 Vollzeitarbeitsplätze und rund zwölf Milliarden Umsatz mit sich. Und gleichzeitig eine Debatte über die Umwelt- und Klimaverträglichkeit dieser Maßnahmen.

Der Begriff „Klimawandel" war zur Zeit unseres Fotos aus dem Jahr 1964 noch unbekannt, selbst in wissenschaftlichen Kreisen. Aber genau in dieser Zeit setzte er so richtig ein. Die Kurve globaler Durchschnittstemperaturen begann steil anzusteigen. Am Beginn der Zweiten Republik war der Temperaturanstieg noch recht gering, die Kurve flach. Das war der daniederliegenden Wirtschaft nach dem Zweiten Weltkrieg geschuldet. Aber wie schon in der Zwischenkriegszeit nahm ab Mitte der 1960er-Jahre die Erwärmung zu.

In Österreichs alpinen Regionen steigen die Temperaturen seither noch mehr an als im globalen Durchschnitt. Seit Beginn der 1960er-Jahre gibt es als Folge daraus daher etwa 40 Tage weniger, an denen Schnee liegt.

Dennoch ist es immer weniger die Natur, also der Wintereinbruch und der Frühlingsbeginn, die die Dauer der Wintersaison bestimmen, sondern Tourismusdirektionen und Veranstalter von Skirennen. In Sölden etwa wurde im Jahr 2024 für einen Saisonstart, der weit vor der jahreszeitlichen Möglichkeit, Ski zu fahren lag, der Gletscher gleichsam umgebaut. Mit schwerem Gerät, mit Baggern und Lkw bearbeitete man Gelände und Gletscher, um rechtzeitig den Event des „Ski-Openings“ begehen zu können. Insofern zweifle ich jetzt an meiner Kritik zum Zitat meiner Tiroler Freundin, wonach ihre Familie „den Gletscher gemacht“ habe. Es funktioniert ja doch.

Bei den Winterspielen in Seefeld 1964 musste man, abseits von den Bemühungen um die abgebildete Langlauftrasse, auch die Bob-Eisbahn vor dem Schmelzen schützen. Das erreichte man, indem weiße Tücher darübergespannt wurden. Man brauchte das Eis für den kurzen Event. Über das Ewige Eis machte man sich noch keine Sorgen. Heute jedoch wissen wir: Tatsächlich ist das Ewige Eis auf unseren Gletschern endlich. Der Event aber scheint in die Ewigkeit einzutreten und nimmt kein Ende mehr.

Fahnen, Feiern, Grenzen

SO HARMLOS KANN NATIONALISMUS SEIN – könnte man meinen. Zwei Grenzgendarmen verteilen, dem ersten Blick nach, kleine Papierfähnchen in den Farben der Republik. Es sind fast unscheinbare kleine Fahnen, die auch ich noch in Schulzeiten der 1970er-Jahre am „Tag der Fahne“, dem späteren Nationalfeiertag, in die Hand gedrückt bekam. Wir schmückten damit die Klasse. Dazwischen hatten wir kurze, aus einem Buch abgeschriebene Texte klassischer österreichischer Schriftsteller an die Wände zu heften. Grillparzers Nationalismus-Kritik, die er in seiner einprägsamen Dichtung „Der Weg der neuern Bildung geht / Von Humanität / Durch Nationalität / Zur Bestialität“ zum Ausdruck brachte, war natürlich nicht dabei.

Die Verteilung der Fähnchen war vielmehr Ausdruck des Bemühens, nach dem Krieg wieder ein Österreich-Bewusstsein zu schaffen. Das war nicht allzu schwer. Denn erstens war die Deutschtümelei den Österreichern selbst während der Zeit des Nationalsozialismus zuweilen suspekt. Sie hatten – was die Sache allerdings nicht besser macht – viel weniger Hang zum Deutschsein als zur autoritären Herrschaftsform, die das Regime in

Der Nationalfeiertag verliert seit den 1980er-Jahren an Bedeutung für das politische Leben. Die Fahnen tun das nicht.

Berlin mit sich brachte. Und zweitens stärkte eine effektive Unterhaltungsindustrie den Glauben an ein unabhängiges und eigenständiges Land: Österreich-Klischees in Operetten und Musikfilmen, begleitet von Wein und Walzerklängen, entpuppten sich in den 1950er- und 1960er-Jahren als mittelbares Werkzeug der politischen Bildung.

In einen solchen Film fühlte ich mich versetzt, als der Nachbar unseres Feriendomizils im Salzkammergut auf einer kleinen Hügelkuppe mit Blick auf die noch gletscherbedeckten Berge nicht nur eine kleine Kapelle baute (ich kenne ihn ganz und gar nicht als religiös), sondern davor auch noch einen hohen Mast errichtete und eine Österreich-Fahne hisste (ich kenne ihn ganz und gar nicht als nationalistisch).

Kurz musste ich nachdenken, welche Empfindungen es bei mir auslöst, in der Nachbarschaft die Nationalflagge wehen zu sehen. Es mag speziell anmuten, aber wer eine Fahne aufzieht, drückt sehr viel damit aus, je nachdem, von welcher Art sie ist. Die schlanke, lange, immer sich ein wenig behäbig im Wind drehende, längsgestreifte Fahne ist eine Reminiszenz an den „Tag der Fahne“ aus den Zeiten vorsichtiger Re-Nationalisierung Österreichs. Sie rührt aus den ersten Jahrzehnten der Zweiten Republik. Und tatsächlich verriet mir mein Nachbar, sie bei unserem gemeinsamen Antiquitäten-, oder besser, Altwarenhändler nahe Bad Ischl erstanden zu haben. Die Ästhetik einer solchen Fahne in der österreichischen Berglandschaft mutet sehr zurückhaltend an. Sie versetzt den sie Erblickenden in die Farbwelt der oben erwähnten Heimatfilme. Mein Nachbar K. ist ganz offensichtlich auch ein Kind des „Tags der Fahne“. Und vielleicht wollte er sie mir einfach nur vor der Nase wegschnappen.

DER ERSTE „TAG DER FAHNE“ war Vorläufer unseres nunmehrigen Nationalfeiertags und wurde auf den 25. Oktober 1955 angesetzt. An diesem Tag verließen die letzten alliierten Soldaten österreichisches Territorium, so wie es im Staatsvertrag vom Mai desselben Jahres vorgesehen war. Aber schon im Jahr darauf, 1956, verlegte man den „Tag der Fahne“ auf den 26. Oktober. Diese Verschiebung hob die Erklärung der Neutralität Österreichs in den Vordergrund, die – ebenfalls im Jahr zuvor – beschlossen wurde. Der Abzug der Befreier und Besatzer trat durch diese Verlagerung der Symbolik hin zur Neutralitätserklärung ein Stück weit in den Hintergrund.

Zehn Jahre später wurde der „Tag der Fahne“ zum Nationalfeiertag weiterentwickelt. Auch der 15. Mai, an dem – wie oben beschrieben – der Staatsvertrag unterzeichnet wurde, stand dafür zur Diskussion. Der Nationalrat einigte sich schlussendlich einstimmig auf den 26. Oktober. Erst am Tag zuvor erfolgte der notwendige Gesetzesbeschluss, der gleich den Tag darauf erstmals als arbeitsfreien Feiertag vorsah. Die Neutralität mit einem arbeitsfreien Tag zu verbinden, ließ schon ein wenig erahnen, wie schwierig es sein würde, sie je wieder infrage zu stellen – wie wir weiter oben schon erfahren haben.

Anders als einst ich gestalteten meine Kinder in der Schule keine Fähnchen mehr, indem sie ein Blatt Papier rot-weiß-rot anmalen und auf ein Holzstäbchen zu kleben hatten. Und auch die Medaille, die ich zu meiner Überraschung bei einem als „Fit-mach-mit-Wanderung“ bezeichneten Marsch rund um den Mühlviertler Sternstein an einem Nationalfeiertag Ende der 1970er-Jahre bekommen hatte, führt nur noch das Dasein eines kuriosen Erinnerungsstücks. Es war mir ein wenig suspekt, mit Arbeitskolleginnen meiner Mutter an diesem schulfreien Tag eine Herbstwanderung zu absolvieren. Da ich die Runde nicht einmal schneller – oder gar patriotischer! – zurücklegte, schien mir die im Anschluss erfolgte Verleihung der Plakette am rot-weiß-roten Band nicht ganz aufrichtig.

Der Nationalfeiertag verliert seit den 1980er-Jahren an Bedeutung für das politische Leben der Österreicherinnen und Österreicher. Die Fahnen tun das nicht. Das ist bemerkenswert. Immer öfter sind sie in immer größeren Mengen zu sehen.

Auch wenn die Entwicklung nicht an konkreten Zäsuren festzumachen ist – ein Ereignis, das dem Fahnenschwenken Vorschub geleistet hat, habe ich im Jahr 2008 ausgemacht. Damals war Österreich gemeinsam mit der Schweiz Austragungsort der Fußball-Europameisterschaft. Das heimische Fußball-Nationalteam hatte damit den Vorteil, sich für die Teilnahme an diesem Bewerb nicht extra qualifizieren zu müssen. Public-Viewing, also das gemeinsame Ansehen der Spiele im Rahmen von öffentlichen Fernsehübertragungen, erreichte einen ersten Höhepunkt. Deutschland hat zwei Jahre zuvor mit der Austragung der Fußball-Weltmeisterschaft 2006 die Vorlage für eine neue und unverkrampfte Art des Patriotismus geliefert. Dort wie da waren plötzlich Fahnenmeere zu sehen, Menschen mit lustigen Hüten in den Nationalfarben; Fans mit angemalten Wangen in derselben Farbe. Die Nationalflagge wurde in den Nullerjahren zum Party-Accessoire. Und doch war es nicht nur das Erstarken eines harmlosen Patriotismus, wie die Bilder der in Feierlaune jubelnden Menschen es vermuten ließen.

Patriotismus und Nationalismus werden gemeinhin als zwei unterschiedliche Gesinnungen betrachtet. Deutschlands früherer Bundespräsident Johannes Rau formulierte es einmal folgendermaßen: „Ein Patriot ist jemand, der sein Vaterland liebt. Ein Nationalist ist jemand, der die Vaterländer der anderen verachtet." Und tatsächlich ist es so, dass patriotische Haltung auf etwas anderes als die bloße Identität abzielt. Sie schließt das politische System mit ein, die Kultur des Miteinanderlebens in einem Land. Konkret heißt das, sie schließt die Demokratie und den freiheitlichen Rechtsstaat mit ein. Der Nationalismus stellt bekanntlich die eigene Nation über alle anderen. Nationalisten, die den eigenen Staat für den zweit- oder drittbesten der Welt halten, sind auch mit der Lupe nicht zu finden.

Interessant ist, dass diese Unterscheidung nicht zuletzt daran auszumachen ist, welche Art von Fahnen das jeweilige Österreich-Bewusstsein begleiten. Einst waren es die beschriebenen schlanken und langen Fahnen, die vor Amtshäusern und Gemeindebauten, auf den Terrassen von Almhütten und vor Schulen gehisst wurden. Die Bezeichnung solcher Fahnen als „Knatterflagge“ will ich Ihnen nicht vorenthalten.

Heute nehmen Fahnen im Querformat mit dem Bundesadler in der Mitte des weißen Streifens im Landschaftsbild deutlich zu. Sie waren bisher nur auf den Giebeln von Parlament, Bundeskanzleramt und Präsidentschaftskanzlei zu sehen. Kein Wunder – es handelt sich dabei um die Dienstflagge des Bundes. Mittlerweile hat sich dieses Format über den Weg des Party-Accessoires in die Vorgärten, auf Autos und Wahlveranstaltungen ausgebreitet.

Es lässt sich beobachten, dass sich die private Verwendung der Fahnen samt Adler zur schlanken, hochformatigen Vintage-Flagge so verhält wie der Nationalismus zum Patriotismus – wie aufgeregte Identitäts-Selbstversicherung zu gelassener System-Selbstversicherung.

DIE GRENZGENDARMEN auf unserem Foto haben gar keine Abnehmer für ihre Ware. Für ihre Papierfähnchen, die so sehr an die Frühzeit des neuen Österreich-Bewusstseins erinnern, gibt es im Bild keine Empfänger. Es gibt an diesem Tag des Jahres 1968 niemanden, der sie übernehmen und schwenken würde. Aber es war auch nicht der „Tag der Fahne“.

Vielmehr war es ein warmer Augusttag in der kleinen niederösterreichischen Gemeinde Berg, die sich am Abhang der Hundsheimer Berge bis zur damaligen tschechoslowakischen Grenze ausbreitet. Es war eine Gemeinde im Grenzland, am Ende Westeuropas, auf einer Seite begrenzt durch den Eisernen Vorhang. Seit dem Krieg war sie eine Abwanderungsgemeinde, und das wird bis zum Fall dieser undurchlässigen Grenze auch so bleiben.

Dennoch gibt es ein paar wenige Menschen, die unbedingt dorthin gelangen wollten. Und sie haben es besonders schwer.

Sie müssen diese quer durch Europa verlaufende, schwer bewachte Barriere überwinden. Aber in diesen Tagen tut sich eine Chance auf, oder vielmehr: Es gibt eine große Motivation, diese Grenze zu überwinden.

Im August 1968 gehen die Bestrebungen der tschechoslowakischen Bevölkerung zu mehr Freiheit und Demokratie den „sozialistischen Brüderländern“ zu weit. Die Führung des Landes unter Alexander Dubček versuchte sich in einem „Sozialismus mit menschlichem Antlitz“: Nicht nur weil diese Bestrebungen meteorologisch in das Frühjahr 1968 fielen, sondern vielmehr, weil es ein Aufbrechen des grauen und eisigen politischen Klimas war, wird diese Phase „Prager Frühling“ genannt. Er währte nur kurz. Truppen des Warschauer Pakts, dem Militärbündnis jenseits des Eisernen Vorhangs, besetzten die Tschechoslowakei. Panzer standen auf dem Altstädter Ring und dem Wenzelsplatz in Prag. Der Wunsch nach Freiheit wurde binnen Tagen brutal niedergeschlagen.

Meine Prager Verwandtschaft war im Sommer jenes Jahres nicht in Österreich. Nachdem man sich, wie eingangs beschrieben, 1966 in Linz traf, war für 1968 Prag als Ort der Familienzusammenkunft vereinbart. Aber selbst, wenn es anders gewesen wäre: Ich glaube, mein Onkel Vláda, den ich erst viele Jahre später kennenlernte, hätte trotz der Unterdrückung des aufgekeimten demokratischen Pflänzchens entschieden, in sein Land und in seine Heimat zurückzukehren. Das Geld, das meine Mutter für ihn in Österreich angelegt hatte und verwaltete, war nur für den äußersten Notfall, für einen überstürzten Neuanfang im Westen gedacht, wenn Leib und Leben unmittelbar in Gefahr gewesen wären. So aber gab sie ihm das Geld nach der „Samtenen Revolution“, dem Ende des Kommunismus in der Tschechoslowakei, 1989 verzinst zurück. Mit dem Wegfall der heimlichen Geldtransaktionen ging für mich naiverweise vorerst einmal ein wenig die innerfamiliäre Atmosphäre des Geheimagententums verloren.

Fast 70.000 Menschen, die zum Zeitpunkt der Niederschlagung des Prager Frühlings außerhalb ihres Landes urlaubten, wollten allerdings nicht mehr nach Hause zurückkehren. Für sie wurde aus dem Ausflug eine Flucht, aus dem Urlaubsland ein Exil – und später eine neue Heimat. Zusätzlich zu dieser großen Zahl an Menschen flüchteten noch mehr, fast 100.000, unmittelbar aus der Tschechoslowakei nach Österreich. Es war nach 1956, nach dem Ungarn-Aufstand, das zweite Mal seit dem Krieg, dass eine so große Anzahl von Flüchtlingen nach Österreich kam.

ABER WO GENAU IST ÖSTERREICH? Wo verläuft die Grenze zwischen dem einen System und dem anderen? Wo endet die Bedrohung durch sowjetische Panzer und deren befreundeter Armeen, die gerade ins Land rollen? Und vor allem: Wo haben auch die loyalen tschechoslowakischen Grenzbeamten kein Recht mehr, jemanden an der Flucht zu hindern oder gar zu töten? Bei der Beantwortung dieser Fragen kommt es auf ein paar Zentimeter an. In der Natur war die Grenze nicht immer so genau auszumachen. Denn die Wachtürme, die Gräben, die Zäune und die Wege für die Grenzpatrouillen mit ihren Hunden lagen ein Stück weit im Inneren des Landes. Wer es also über diese oft unüberwindbar scheinenden Hindernisse geschafft hatte, hatte es noch nicht unbedingt tatsächlich geschafft. Die Exekutive auf der österreichischen Seite der Grenze konnte – im buchstäblichen Sinne – niemandem entgegenkommen. Anders als in jüngster Vergangenheit kam sie aber im übertragenen Sinne den Flüchtlingen entgegen. Der genaue Grenzverlauf wurde mit diesen kleinen, im Alltag unscheinbar und harmlos wirkenden Fähnchen gekennzeichnet. Im Vordergrund des Bildes steckt ein solches in der Erde, aus diplomatischer Vorsicht wohl auch einige wenige Meter vom genauen Grenzvermessungspunkt entfernt. Das war die Willkommenskultur des Jahres 1968. Sie galt Menschen, die 50 Jahre zuvor noch im selben Reich, in der Habsburgermonarchie, gelebt hatten.

Bis 1918 trennte diese Grenze nicht zwei Systeme voneinander. Es waren nur zwei Teile eines alten Großreichs, eine innerstaatliche Grenze gleichsam, die Verwaltungseinheiten voneinander unterschied. Bekanntlich fuhr sogar die Straßenbahn von Wien über diese Grenze ins benachbarte Preßburg, dem heutigen Bratislava.

1968 war die unsichtbare Linie im Gras vor den beiden Grenzgendarmen der Unterschied zwischen Freiheit und Unterdrückung, zwischen zwei Systemen, die unterschiedlicher nicht hätten sein können. Natürlich war es möglich, auch in der Unterdrückung nicht verfolgt und eingesperrt zu werden. Aber wie wichtig Menschen die Freiheit ist, sagen zu können, was sie wollen, und dorthin gehen zu können, wo sie wollen, erkennt man an der Tragweite ihrer Entscheidung: Wer den beiden Gendarmen in die Arme lief, hatte alles Hab und Gut, alle Erinnerungen und wohl auch liebe Freunde und Verwandte zurückgelassen. Das alles in Kauf zu nehmen, um Meinungs- oder Reisefreiheit zu erlangen, können zumeist nur jene nachvollziehen, die Freiheit schon einmal entbehren mussten.

ALS DER EISERNE VORHANG 1989 endgültig aufging, war Österreich bemerkenswerterweise nicht in ähnlicher Weise mit Menschen konfrontiert, die ihre Heimat verlassen wollten, wie es bei den Fluchtbewegungen von 1956 aus Ungarn bzw. 1968 aus der Tschechoslowakei der Fall gewesen war. Sie blieben in ihrer Heimat, in der sie nun über Freiheit verfügten. Und sie waren voller Hoffnung auf Europa, sie erwarteten, nun am „Europäischen Traum“ teilhaben zu können; sie rechneten damit, dass Demokratie und Wohlstand wohl zu ihnen kommen werden. Die Europäische Gemeinschaft, wie die EU damals noch hieß, war berechtigtes Fernziel dieser Hoffnung. Genährt wurde sie nicht zuletzt dadurch, dass die Menschen im nunmehr ehemaligen Ostblock sahen, dass Staaten ihre Souveränität freiwillig ein Stück weit aufgaben, um in einem friedlichen Europa gemeinsame Sache zu machen – und der Plan war, diese Zusammenarbeit noch weiter zu vertiefen.

Die Vertiefung hatte nach Ende der Systemgrenze, die sich durch Europa zog, allerdings zurückzustehen. Es ging nun – doch einigermaßen überraschend für Europas Politik – plötzlich nicht mehr nur um tiefere und engere Zusammenarbeit der bisherigen zwölf EG-Staaten, sondern um die „Wiedervereinigung" von Ost- und Westeuropa. Als zehn Staaten des ehemaligen Ostblocks im Jahr 2004 Teil der EU wurden, war auch Österreich schon Teil des Staatenbunds geworden. Auf die Innenpolitik Österreichs wirkte sich das ganz unterschiedlich aus.

Randlagen, wie der Schauplatz unserer Fotografie in Berg in Niederösterreich, gerieten plötzlich ins Zentrum eines neuen großen Wirtschaftsraums. Aber das galt im Fall von Österreich für das gesamte Land, das mit der Erweiterung der EU nach dem Fall des Eisernen Vorhangs binnen 15 Jahren vom Grenzland des Westens in die Mitte des Kontinents rückte.

Viele österreichische Unternehmen konnten davon profitieren. Gleichzeitig stieg die Sorge vor einer Flut billiger Arbeitskräfte, die die heimischen Löhne drücken könnten. Österreich trat daher für lange Übergangsfristen am Arbeitsmarkt ein. Dennoch: Der Arbeitsmarkt wurde mobiler und es verstärkte sich, was für Jahrzehnte bestimmendes Thema der Politik sein würde: Migration.

Duelle am Bildschirm

FÜR DEN POLITIK-JOURNALISMUS sind Vorwahlzeiten wie die Adventszeit: Überall spürt man das herannahende Ereignis. Doch noch ist alles offen. Es kann gut ausgehen oder auch nicht, man ist freudig angespannt. Man kann sich nicht vorstellen, nicht dabei zu sein. Das hier abgebildete Foto entstand im Jahr 1969 im Vorfeld der Nationalratswahl am 1. März 1970. Es zeigt Bruno Kreisky in der Maske, um für einen Auftritt im Fernsehen zurecht gemacht zu werden. Es ist ein Ort, der heute nicht viel anders aussieht. Die Maskenbildnerin kämmt dem Oppositionsführer gerade die Haare zurück, vielleicht hat sie die Dose Haarspray verwendet, die das Gesicht des SPÖ-Parteivorsitzenden im Spiegel ein Stück weit verdeckt. Vordergründig sieht die Lage sehr entspannt aus. Aber in einer Situation wie dieser ist sie das nie. Vielmehr ist es eine innere Aufregung, die die Akteure erfüllt und auch die Atmosphäre in den Gängen rund um das Fernsehstudio beherrscht. Selten kommen Parteichefs, Minister und Kanzlerkandidaten allein. So gut wie immer haben sie Büroleiter und Sekretäre, Pressesprecher und Berater im Schlepptau. Das Haus ist erfüllt von Wichtigkeit.

Die Nationalratswahl im Jahr 1970, beziehungsweise der vorangehende Wahlkampf, war auch die Geburtsstunde der TV-Konfrontationen.

Und im konkreten Fall ist es ja nicht irgendeine Wahl. Es ist eine Richtungsentscheidung. Allerdings: Welche Wahl in der Zweiten Republik war das nicht? Wann hat man nicht von einer Richtungswahl gesprochen? Seit ich Wahlen verfolge, zuerst mit jugendlichem und dann mit journalistischem Interesse, gibt es doch fast ausschließlich Richtungswahlen.

Die Wahl im Jahr 1983 beispielsweise beendete die Alleinregierung der SPÖ, 1986 zog mit den Grünen erstmals eine vierte Partei ins Parlament ein. Die FPÖ wurde seit diesem Jahr bei jeder Wahl stärker und bedrängte SPÖ und ÖVP, sowohl 1986 wie auch 1990 und in den darauffolgenden Jahren. 1999 wurde sie zweitstärkste Partei im österreichischen Parlament. Wenn das alles keine Richtungswahlen waren … Man hob damals den Begriff der Richtungsänderung nach der Wahl nur nicht so sehr hervor. Die neue Richtung war selbstredend, vor allem natürlich bei der allerersten Wahl im Jahr 1945, die Österreich in die Zweite Republik gehen ließ und in eine völlig andere politische Richtung als in den elf Jahren davor.

Insofern war auch die Wahl im März 1970 eine Richtungswahl. Sie im Vorfeld als solche zu deuten, bringt den Medienhäusern und den Parteien einige Vorteile. Eine „Richtungswahl" erhöht die Aufmerksamkeit beim Publikum. Das steigerte damals die Auflage der gedruckten Zeitungen wie auch das Interesse des Fernsehpublikums. Heute erhöht das die Klicks auf den Nachrichtenwebsites. Gleichzeitig kann ein solches Framing die eigene potenzielle Wählerschaft mobilisieren, zu den Urnen zu gehen. Aus den potenziellen Wählern werden dann tatsächliche Wähler, und sie bringen vielleicht jenen Prozentpunkt, der im Sinne einer Partei dann eben doch, wie gewünscht, keine Richtungsänderung mit sich bringt.

Die Nationalratswahl im Jahr 1970 hat sich im Nachhinein jedenfalls tatsächlich als Richtungswahl herausgestellt. Nach 25 Jahren ÖVP-Kanzlerschaft brachte sie einen Wechsel zu 19 Jahren SPÖ-Kanzlerschaft. Aber noch sind wir gleichsam am Vorabend dieser Richtungsänderung, beim TV-Duell zwischen dem Oppositionsführer und dem Finanzminister der Regierung Klaus.

Als Oppositionsführer kann man sich sein Gegenüber nicht immer aussuchen, da muss man auch mit einer Person aus der zweiten Reihe vorliebnehmen. Kreisky wird also gleich Finanzminister Stephan Koren gegenübersitzen, der jetzt noch lässig, eine Zigarette in der Hand, in der Tür des Maskenraums steht. Äußerlich nicht minder entspannt, lehnt der Sendungsverantwortliche vor dem Spiegel. Es ist Franz Kreuzer, seit dem Amtsantritt des neuen ORF-Generalintendanten Gerd Bacher drei Jahre zuvor Fernseh-Chefredakteur.

Fernseh-Chefredakteur zu sein, war in den ausgehenden 1960er-Jahren ein nicht allzu einflussreicher Job. Ganz besonders bei diesem nun stattfindenden Duell. Denn Kreisky und Koren überließ man im Studio ganz sich selbst und ihrer Disziplin, die Redezeiten einzuhalten. Das gelang auch tatsächlich. Es war ein Stück weit das Medium, das Autoriät ausstrahlte.

IN ÖSTERREICH gab es das Medium Fernsehen zu diesem Zeitpunkt gerade einmal 15 Jahre, kürzer als heute Social Media. Von einem „Massenmedium“ konnte keine Rede sein. Die gesendeten Programme erreichten noch lange nicht das ganze Land. Und doch war bereits absehbar, wie explosionsartig sich das neue Medium verbreiten wird.

Am 1. Dezember 1959 erhielt der 48-jährige Selchermeister Josef Katzenbeisser aus Wien als 100.000ster Teilnehmer von der Post seinen Bewilligungsschein zum Betrieb eines Fernsehgeräts ausgestellt. Schon ein Jahr später hat sich die Zahl der Fernsehgeräte in Österreich verdoppelt. Und der Anstieg hielt an, obwohl ein Gerät damals noch mehrere Monatsgehälter kostete. Aber es war attraktiv, denn Fernsehen revolutionierte in den ausgehenden 1960er- und frühen 1970er-Jahren den öffentlichen Diskurs.

1970 erfolgte mit der immer schnelleren Ausbreitung des Mediums auch ein immer größeres Angebot an Information. Informationsexplosion lautete das Motto des ORF-Chefs Gerd Bacher seit seiner Wahl zum Generalintendanten. Er sah den Rundfunk als Wegbereiter für eine aufgeklärte Mediengesellschaft. Dazu gehört nicht nur, Politikern unabgesprochen Fragen zu stellen, sondern sie auch vor großem Publikum miteinander diskutieren und streiten zu lassen. Die Nationalratswahl im Jahr 1970, beziehungsweise der vorangehende Wahlkampf, war auch die Geburtsstunde der TV-Konfrontationen.

Die Uhr im Spiegel des Maskenraums zeigt kurz nach neun an diesem Freitag. Wenige Minuten später, um 21 Uhr 15, sollte die Sendung starten. Mit einer großen Zuseherschaft, die die Konfrontation mitverfolgen wird, kann man nicht rechnen, noch zu wenig verbreitet sind die Fernsehgeräte in den Haushalten. Bemerkenswert ist die Sendung dennoch. Hier setzt eine neue Art der Demokratie ein, die Mediendemokratie.

Schon bisher waren Medien, vor allem gedruckte Zeitungen, Vermittler von Plänen, Entscheidungen und Ansichten der Parteien. Aber hier, im neuen Medium Fernsehen, konzentriert sich alles auf zwei Persönlichkeiten und deren Fähigkeit, öffentlich mit Angriff und gegnerischen Argumenten umzugehen. Das hat, seit es diese Form der wahlkämpferischen Auseinandersetzung gibt, Kritik hervorgerufen. Denn klar ist: Gewinner einer TV-Konfrontation ist immer jene Person, die die „beste in einer TV-Konfrontation" ist. Wer tatsächlich die besseren Konzepte für das Land hat, wer am Ende vielleicht bessere Politik macht, lässt sich aus diesem Format nicht unbedingt ableiten. Und noch weniger lässt sich die Eignung für die Politik beurteilen, wenn wir sehen, wie sich Spitzenkandidaten in Fernsehköche verwandeln. Ein Sender hat einst dazu eingeladen, unter dem sendungsmacherisch durchaus vielversprechenden Titel „Rezept für Österreich".

Solche Show-Effekte in der Vorwahlzeit wurden seit dem Jahr 1970 immer wichtiger und erreichten in den Wahlkämpfen 2013 bis 2019 ihre bisherigen Höhepunkte. 2019 etwa mussten Spitzenkandidaten und -kandidatinnen zwar nicht mehr hinter den Herd oder sich dabei beobachten lassen, wie sie reagieren, wenn das Auto, in dem sie während einer „Wahlfahrt" interviewt werden, eine Panne hat. Aber sie mussten sich so vielen Auftritten wie nie zuvor stellen. Knapp 50 Jahre nach der Geburtsstunde des Wahlkampfs im Fernsehen hatten die Spitzenkandidaten in den beiden Monaten vor der Nationalratswahl 2019 etwa 40 Sendungen allein im TV zu besuchen. Fast täglich konnte man sie in Wahlarenen und Duellen, in Sommergesprächen und Pressestunden, in Ameisen- und Elefantenrunden sehen.

Nicht nur die zahlreicher gewordenen TV-Sender veranstalteten solche Formate. Auch die bisherigen Zeitungshäuser, mittlerweile zu Medienhäusern verwandelt, luden zu Diskussions- und Interview-Runden, die sie online verbreiteten. Manch Politik-Interessierter konnte spätestens eine Woche vor der Wahl die Sätze aller Kandidaten und Kandidatinnen zu einem bestimmten Thema der Wahlauseinandersetzung wortgetreu mitsprechen.

Die bei solchen Gelegenheiten immer guten Quoten lassen keinen Zweifel an diesen Formaten aufkommen. Jedenfalls, solange die eingeladenen Gäste auch tatsächlich erscheinen. Diese wiederum haben bis zu einem gewissen Grad hohes Interesse daran, die TV-Studios zu besuchen. Denn weder im Straßenwahlkampf noch im größten Festzelt lässt sich eine so große Zahl an Menschen erreichen wie durch einen Fernsehauftritt. Auch wer noch so viele Hände schüttelt, kann nicht Millionen Menschen erklären, welche Position er oder sie etwa zur Weiterentwicklung der Gesundheitsversorgung im ländlichen Raum hat, wie das über den Weg einer Wahl-Sendung möglich ist.

DIE ENTWICKLUNGEN, die 1970 ihren Ausgang nahmen, wurden in Österreich und von seiner seither immer fragmentierteren Medienlandschaft auf die Spitze getrieben. In kaum einem anderen Land begeben sich Spitzenkandidaten bzw. ihre Vertreterinnen so oft in die Arenen der politischen Auseinandersetzung wie hierzulande. In Deutschland etwa, und noch viel mehr in den USA, sind solche Gelegenheiten aufgrund von Absprachen zwischen Medienunternehmen deutlich seltener. Nicht zuletzt aufgrund der geringeren Bereitschaft der Akteure, sich zig-mal dem Risiko eines Patzers im Zuge einer solchen TV-Konfrontation auszusetzen.

Ein Risiko mit ungewissem Ausgang sind solche Duelle längst nicht mehr. Kreisky konnte als „Medienkanzler“, wie er später bezeichnet wurde, durchaus noch mit dem Überraschungseffekt punkten. Ganz prominent etwa fünf Jahre nach dieser ersten TV-Konfrontation, als er 1975 Josef Taus von der ÖVP als nunmehrigem Herausforderer im Fernsehstudio gegenübersaß. Kreisky zog eine Broschüre der Giro-Zentrale aus der Tasche, die Taus noch in seiner Rolle als ehemaliger Generaldirektor zu verantworten hatte. Darin wurde der Wirtschaftsstandort in einer Weise gelobt, dass die von Taus in der Sendung vorgetragene Kritik an der sozialistischen Wirtschaftspolitik verpuffte.

Jörg Haider gelang später ein ganz ähnlicher Überraschungsmoment mit dem sogenannten „Taferl“, das seine Argumentation gegenüber Kanzler Franz Vranitzky einprägsam untermauerte. Vranitzky wiederum punktete umgekehrt, als sein Gegenüber und Herausforderer Alois Mock nach zu langem Saunabesuch in der Sendung übermäßig schwitzte und dann auch noch, ausgestattet mit der falschen Brille, nicht in seinen Unterlagen lesen konnte. Aber solche Unwägbarkeiten und Überraschungen sind den TV-Duellen weitgehend abhandengekommen. Ihre Attraktivität beziehen sie nur noch von der Erinnerung an solche Möglichkeiten. Sie treten kaum mehr ein. Zu sorgfältig sind die Beteiligten durch ihr Team auf alle Eventualitäten vorbereitet. Sie sind mehr darauf trainiert, ihre Botschaft an die Zuschauer zu bringen, als sich auf eine kommunikative Interaktion mit jenen einzulassen, die mit ihnen im Fernsehstudio sitzen, und seien es die Moderatorinnen der Sendung.

Auch die Moderatoren werden mit zunehmendem Umfang solcher Wahlkampfauseinandersetzungen immer weniger überrascht: Als ich einst im Vorfeld einer Nationalratswahl Interviews und Konfrontationen leitete, überlegten wir in den vorbereitenden Redaktionssitzungen nicht nur, um welche Inhalte es gehen soll und was der jeweilige Gast wohl von sich aus auf den Tisch legen würde. Wir spielten auch die möglichen Gesprächsverläufe durch. Einige längerdienende Innenpolitikredakteure schlüpften dazu in die Rolle des Gastes und schafften es, bis zur Kenntlichkeit Argumentation und Charakter der gespielten Person herauszuarbeiten. Bei der Livesendung musste ich dann zuweilen innerlich schmunzeln, so treffend wiederholte die betreffende Person die Phrasen, die wir ihr bei den Proben in den Mund gelegt hatten.

Im Verlauf der Jahrzehnte verlagerte sich die Aufmerksamkeit vom Geschehen in der Gesprächs- oder Diskussionssituation gleichsam auf die Begleitmusik. Wichtiger als der Kandidat in der Sendung wurde die anschließende Kommentierung. Politikberater und sogenannte „Spin-Doktoren“, die der Sache den „richtigen Dreh“ geben sollten, versuchten nach dem Auftritt des von ihnen unterstützten Akteurs, diesen unabhängig von seiner Performance im Anschluss als den Gewinner dastehen zu lassen. Noch war das durch die Parteiapparate steuerbar. Sie beeilten sich, nach den Auftritten ihrer Leute Presseaussendungen mit überschwänglichem Lob für die Leistung im Studio auszuschicken.

Ein Stück schwieriger wurde es, als sich im Laufe der 2000er-Jahre Internet-Foren etablierten, in denen das Publikum schon während der Sendung Kommentierungen vornehmen und damit andere in deren Wahrnehmung beeinflussen konnte. Es gab nicht mehr nur den Fernsehschirm, auf dem sich das Geschehen abspielte, es gab plötzlich auch einen „Second Screen“, der eine Rolle spielte. Anfangs saß man mit dem Laptop, später dann immer häufiger mit dem Handy und den entsprechenden Social-

Media-Seiten vor der Sendung. Jetzt mussten die Spin-Doktoren schon früher ausrücken und parallel zum Auftritt des von ihnen unterstützten Politikers die Meinung im Netz beeinflussen.

Noch ein Jahrzehnt später, es waren die ausgehenden 2010er-Jahre, gab es eine direkte Rückkopplung dieser Kommentierung im Internet in der laufenden Sendung. Das heißt, die Resonanz durch das Publikum wurde unmittelbar in der Sendung gleich wieder thematisiert. Manch ein Sender scheute sich nicht, das Publikum über Glaubwürdigkeit und Kompetenz abstimmen zu lassen, und vergab gleichsam Noten für den laufenden Auftritt. Ein Übermaß an Rückbezüglichkeit.

AB 1970 STEIGERTE SICH also nicht nur die Zahl der Sendungen, auch die Interaktionsmöglichkeiten und die Berichterstattung über die Sendungen wurden mehr. Ein Auftritt wurde immer öfter in all seine Facetten zerlegt. Nicht nur Politikwissenschafter beurteilten seine Wirkung, auch Fachleute für Körpersprache kommentierten Mimik und Gestik der Personen. So verlor der einzelne Auftritt im medialen Überfluss zunehmend seine Wirkung.

Im Fernsehen miteinander zu reden hat seine Form stark verändert. Wer das Gespräch zwischen Stephan Koren und Bruno Kreisky aus den Tiefen des Archivs holt und sich ansieht, benötigt einiges an Durchhaltevermögen. Für unsere Aufmerksamkeitsspannen ist es eine Herausforderung, einem zehnminütigen Eingangsstatement zu folgen und darauf eine ebenso lange Replik zu hören. In der Folge wurde das einstündige Gespräch zwar von etwas rascherer Abwechslung geprägt. Dennoch – für heutige Begriffe war es zu viel Dialog, zu wenig Duell. Ist das gut?

Im Sinne der konstruktiven Lösungsfindung gesellschaftlicher Fragen natürlich nicht. Allerdings ist es müßig, die veränderte mediale Kommunikation zu beklagen. Die vielen Angebote und die vielen Kanäle, auf denen sie vermittelt werden, haben im Laufe der Zeit zu immer kürzeren „Soundbites“ geführt. Manch

Gast in einer Sendung setzt eher Social-Media-taugliche Statements ab, als auf die Situation in der laufenden Sendung zu antworten. Das lange Format eines einstündigen Gesprächs hat weniger Publikum als die später verbreiteten kurzen Ausschnitte daraus auf den gängigen Plattformen im Internet. Aus dem Koren-Kreisky-Gespräch hingegen könnte man – selbst wenn man sich redlich bemühte – keinen Gedanken posten. Unter zwei Minuten endet kaum ein Satz.

Was wir in diesem historischen Fernsehauftritt sehen, ist gelebte Streitkultur. Sie hat in Österreich eine ambivalente Entwicklung hinter sich. Während von einem deutschen sozialdemokratischen Bundeskanzler der Satz „Eine Demokratie, in der nicht gestritten wird, ist keine" (Helmut Schmidt) überliefert ist, ließ ein österreichischer sozialdemokratischer Bundeskanzler plakatieren „Genug gestritten" (Werner Faymann). Streiten ist hierzulande nicht hoch angesehen. Bevor wir uns allerdings eine bessere Streitkultur hätten zulegen können, haben sich der politische Diskurs, die Politikvermittlung und die Meinungsbildung so stark ins Internet verlagert, dass eine Konsensfindung seither schwieriger ist denn je.

Social Media, das braucht hier nicht weiter erörtert zu werden, ist so schnell, so undurchschaubar in seiner vielfach verborgenen algorythmischen Funktionsweise, so schrill und brutal, dass eine konsensuale Einigung, die für die Demokratie konstitutiv ist, weniger denn je hingenommen wird. Wer nicht all seine Ansichten in einer Diskussion durchgesetzt hat, bringt kaum Akzeptanz für das Ergebnis auf. Das ist auf diesen Plattformen im Sekundentakt zu lesen. Für viele ist es dann auch das Einzige, was auf ihre Screens gespült wird. Social Media wirkt also gleichsam schon in der bekannten Grundausstattung desinformierend.

Dazu kommt, dass professionelle Diskurs-Zerstörer, wie etwa Russland, auf die Meinungsbildungsprozesse in westlichen Demokratien Einfluss nehmen – und Betreiber, wie etwa Elon Musk, das Ergebnis als Verteidigung der freien Rede loben. Viele

Journalisten sind in diese Falle gegangen und dachten sinngemäß: Am Stammtisch der Hetzer und Verhetzten kann der einsame Humanist vielleicht doch etwas ausrichten. Aber tatsächlich hat der einsame Humanist nicht an einem Stammtisch Platz genommen, sondern ist in eine aufs Gleiche hin ausgerichtete Masse geraten. Mit jeder eingespeisten Vernunft, mit jedem rationalen und gemäßigten Posting wurde daher nur eine Legitimation des Irrsinns, der Verschwörungserzählungen, des Extremismus erreicht. Sieh her, hier ist ja gar nicht alles so schlimm, hier finden sich ja ganz Vernünftige ein, können sich die User selbst versichern. So manch wirkmächtige Publizisten und Meinungsbildner im Land haben daher Musks Paradiesgarten der Redefreiheit wieder verlassen, und viele taten das in ehrlicher Ablehnung der gesellschaftszerstörenden Wirkungen, nicht nur des kurzfristigen und billigen Effekts wegen. Aber viele von ihnen waren eben doch nicht weg von der Droge, sondern suchten raschen Ersatz auf einer anderen Plattform.

Dort kann das öffentliche Reden, wie es unser Ausgangspunkt für dieses Kapitel ist, nicht besser gelingen. Denn Social Media ist nicht einfach ein Werkzeug wie jedes andere, dessen Einsatz nur durch den Benutzer bestimmt wird. Es ist nicht wie ein Hammer, der ganz konstruktiv zum Einschlagen eines Nagels oder auch destruktiv zum Erschlagen eines Mitbürgers eingesetzt werden kann. Es ist vielmehr ein dicht besetzter Raum, in dem es keine Regeln und keine Moderation gibt, und in dem jener, der lauter, schriller, extremer und brutaler ist und zudem noch den längeren Atem hat, gewinnt.

Der unmoderierte Dialog zwischen Koren und Kreisky konnte in dieser Sendung ausschließlich deshalb gelingen, weil sie nur zu zweit waren. Überdies hielten sie sich trotz des Fehlens eines Moderators an einige grundsätzliche Regeln, die vereinbart wurden. Selbst beim besten Willen, das auch im digitalen Raum zu machen: Wie die Schriftstellerin Eva Menasse in einem Essay zur Digitalmoderne schreibt, ist Social Media wie eine bewusstseinsverändernde Droge. Dauervernetztheit und Dauerkommunikation bringen Dauerstreit. Den hat Helmut Schmidt im oben angeführten Zitat gewiss nicht gemeint.

SEIT MITTE DER 2010ER-JAHRE leben wir auch in Österreich in einer medial völlig neuen Welt. Die damit einhergehenden gesellschaftlichen Verwerfungen sind bekannt. Und auch die Gefahren für junge Menschen in unserem Land sind klar. Dennoch gehen wir damit nicht so um, wie wir das bei Casino- und Bordellbesuchen, bei Zigaretten oder Schnaps tun. Man könnte zwar auch warten, bis das weltweit einheitlich geregelt ist, trotzdem verbieten wir diese Dinge Kindern und Jugendlichen einfach. Eine Debatte darüber, den Handykonsum und damit die Social-Media-Nutzung einzuschränken, findet hierzulande nur zaghaft statt. Griechenland, Italien, die Niederlande und Belgien hingegen haben bereits ein Smartphoneverbot an Schulen eingeführt. In Österreich entscheidet derzeit noch jede Schule selbst, ob Handys im Unterricht erlaubt sind oder nicht. Einfacher macht es das für die Pädagoginnen und Pädagogen wohl nicht.

Eine nächste digitale Entwicklung wird eine Regelung für die Jüngsten in unserer Gesellschaft wohl erzwingen: Künstliche Intelligenz (KI) wird das mediale Wirklichkeitserkennen noch schwieriger machen, wenn nicht sogar auflösen. Wir stehen erst am Anfang von Deepfakes, die rasch und bald von jedem produziert werden können.

Ein Redaktionskollege hat mir demonstriert, was in den ersten Monaten der frei zugänglichen Content-Generierung durch KI so viele gemacht haben. Er hat meine im Internet vielfach zu findende Stimme samt Bildern von mir eingespeist. Daraus hat das entsprechende Programm binnen Minuten einen Avatar generiert, der vielleicht noch ein paar Schwachstellen hatte. Aber als ich auf Englisch das Publikum zu meiner Sendung begrüßte, konnte ich mir nicht mehr ganz sicher sein, ob nicht vielleicht doch ich diese Sätze gesprochen habe. Wir stehen am Anfang einer Entwicklung, die, wie so viele im digitalen Bereich, sich vorerst einmal exponentiell verbreiten wird.

Das ist gut und schlecht zugleich. Niemand zweifelt, dass zuerst eine Flut an manipulierter und völlig frei erfundener Wirklichkeit in Schrift, Wort und Bild auf uns zukommen wird. Selbst für den interessierten Beobachter der Welt wird es dann nicht mehr möglich sein, in der digitalen Welt zu beurteilen, welche Informationen mit der realen Welt übereinstimmen. Es wird zur Auflösung aller Sicherheiten kommen. Alles kann sein, alles kann nicht sein. Wenn der Leidensdruck unserer Gesellschaft so hoch ist, dass dadurch jede Interaktion zwischen den Akteuren unserer Gesellschaft verunmöglicht ist, brauchen wir Abhilfe.

Denn Demokratie kann nur funktionieren, wenn wir weiterhin eine gemeinsame Faktenbasis haben, auf der die ausverhandelten Entscheidungen fußen. Das wird in einem digitalen Raum ohne Sicherheiten nicht möglich sein.

Vielleicht wird Social Media wieder verschwinden. Das britische Wirtschaftsmagazin „The Economist" titelte Anfang 2024 mit der Schlagzeile „The end of the social network". Am Cover war ein traurig im Meer versinkendes Emoji zu sehen. Zahlen belegen diese These nicht. Aber manchmal speisen sich solche Prognosen auch nur aus einem Gefühl, das einen im Alltag beschleicht. Facebook beispielsweise, die Mutter der Social-Media-Idee, gilt als over. Es ist so sicher vorbei, wie man sich zu Beginn nicht vorstellen konnte, dass es einmal uninteressant werden wird, was jemand wo erlebt hat und was ein anderer dazu schreibt. Das heißt natürlich nicht, dass die gedruckte Zeitung zurückkehrt, oder dass künftig wieder Gespräche im Fernsehen stattfinden werden wie jenes, das Ausgang für unsere Überlegungen war.

Was es sein wird, das uns nach kräftigem Durchschütteln aufgrund der Paarung von völligem Vertrauensverlust und blindem Glauben an Deepfakes wieder das Vertrauen in die Institutionen und Regeln unseres gesellschaftlichen Zusammenlebens zurückgeben wird, kann ich nicht beantworten. Aber ich habe Glück. In diesem Buch soll es schließlich nur um die Geschichte Österreichs gehen.

Von der Gastarbeiterroute zur Balkanroute

FAST UNSICHTBAR in der grau-weißen Winterlandschaft des steirischen Ennstals wartet am rechten Fahrbahnrand, gleich vor der 50er-Geschwindigkeitsbegrenzung, ein Mann mit weißer Strickhaube darauf, endlich die Straße zu überqueren. Eine Lücke tut sich in der Kolonne der Fahrzeuge nicht auf. Zu viele Autos passieren kurz vor Weihnachten die Bundesstraße B 320 auf ihrem Weg in den Süden. Viele mit einem „Opel Rekord" – gehobene Mittelklasse, schon damals ein wenig in die Jahre gekommen, aber robust und gut zu bepacken. Hier über die Straße zu gelangen, ist kein einfaches Unterfangen. Sie war in den frühen 1970er-Jahren zeitweise eine der meistbefahrenen Straßen Österreichs, jedenfalls eine der gefährlichsten. Mit mangelhaften Autos fuhren oft übermüdete Lenker ohne viel Kenntnis der Verkehrsregeln und Fahrtechnik durch die Ortschaften. 5000 Unfälle ereigneten sich jährlich in dieser Region der Steiermark. Der „Kurier" nannte sie „Europas große Todesstraße". Die Anrainer litten unter dem Transitverkehr und dem, was von den Durchreisenden zurückgelassen wurde. Sie hatten zwar Berliner Kennzeichen, wie man sieht, aber sie fuhren auf der „Gastarbeiterroute".

Auf dieser Strecke von der Türkei und dem Balkan durch Österreich nach Deutschland (und in Urlaubszeiten auch wieder zurück) reisten an manchen Wochenenden Millionen Menschen. Unser am Straßenrand wartender Mann schaut in den Himmel, und es ist nicht abwegig, dass er die „Deutschen Tschuschen" verflucht, die ihm in der Kälte den Weg abschneiden.

In dieser diskriminierenden Bezeichnung liegt nur scheinbar ein Widerspruch. Er hat sich im kulturellen Erbe der Gastarbeiter mittlerweile aufgelöst: Vor dem Haus, in dem ich in Wien lebe, gibt es seit einigen Jahren den Schnellimbiss „Berliner Döner". Die Bezeichnung ließ unsere Kinder lange glauben, Döner sei ein deutsches Nationalgericht. Und vielleicht stimmt es sogar, er hat nur eine Migrationsbiografie.

Aber bevor viele serbische, kroatische oder türkische Lokale hierzulande eröffneten, waren die Menschen gekommen. Sie wurden als „Gastarbeiter" geholt und sollten jene Tätigkeiten verrichten, für die im Wirtschaftsaufschwung die heimischen Arbeitskräfte fehlten, vor allem am Bau. Bekanntlich blieben sie, sowohl in Deutschland, wovon die mit ihren Autos Abgebildeten zeugen, als auch in Österreich. Denn auch die Gastarbeiter hatten ein Interesse. Sie wollten am Wohlstand teilhaben. Und dafür fingen viele Familien ganz unten an. Sprichwörtlich im Keller.

Mein ältester Freund aus Kindergartentagen wohnte damals gegenüber von mir, im Erdgeschoss eines Jahrhundertwendehauses. Es gehörte einer alten Dame aus der Beletage. Für die innerstädtische Lage hatte es einen großzügigen Garten. Im Keller neben den Lagerabteilen befand sich eine nicht mehr benötigte Waschküche mit großen gemauerten Wannen und mit Kohle zu beheizenden Wasserkesseln. Zu meinem Glück konnte ich R. fast jederzeit über die Gasse hinweg besuchen – das wenig frequentierte Haus war für uns vom Keller bis zum Dachboden ein Abenteuerspielplatz.

Aber dann war es aus damit, denn die Gast-Arbeiterfamilie Djuranović wollte dauerhaft bleiben. Sie gehörte zu jenen, die

Die Gastarbeiter waren Wirtschaftsmigranten im engsten Sinn. Niemand ging davon aus, dass sie kamen, weil sie in Jugoslawien Repressionen ausgesetzt gewesen wären. Sie wurden schließlich gerufen, geradezu eingeladen.

50
km

ganz unten anfingen. Die vierköpfige Familie zog in der ehemaligen Waschküche ein. Straßenseitig blickte sie durch die Kellerfenster den Passanten auf die Füße. Der Enge entkamen die Neu-Linzer, indem sie auch Vorhaus und Garten mitbenützten. Es wurde viel gekocht, und das neue Leben unterhalb des Straßenniveaus war fast immer im ganzen Haus zu riechen. Die Ausmaße unseres Spielplatzes schränkte das stark ein. Wir wurden angehalten, in der Wohnung zu bleiben.

Es war die harmloseste Weise, mit den Herausforderungen einer sich in den 1970er-Jahren verändernden Gesellschaft konfrontiert zu werden. Die Mitglieder der Familie Djuranović im Keller des Hauses meines Freundes waren Wirtschaftsmigranten im engsten Sinn. Niemand ging davon aus, dass sie kamen, weil sie etwa in Jugoslawien Repressionen ausgesetzt gewesen wären. Sie wurden schließlich gerufen, geradezu eingeladen – und mussten daher auch gewollt sein. Und doch liegt hier die Wurzel der „Migrationsdebatte", auch wenn sie längst noch nicht so bezeichnet wurde und die Tagespolitik bei Weitem nicht so intensiv bestimmte wie heute.

Unsere Elternhäuser vermittelten uns zwar, man müsse höflich und respektvoll sein, könne aber eine ganze Menge Mitleid mit diesen Menschen aufbringen. Mitleid war gewiss besser als Ablehnung, aber für die Kontakte in unserer gemeinsamen Schulklasse, in der plötzlich unter 30 Schülerinnen und Schülern auch zwei Gastarbeiterkinder waren, kein hilfreicher Kitt für soziale Beziehungen.

Eine erste Kampagne, die in die junge Migrationsdebatte konstruktiv eingreifen wollte, waren die „Kolaric"-Plakate. Darauf war ein kleiner Bub in Lederhose zu sehen, der einen vor ihm stehenden großen Mann fragt: „I haaß Kolaric / du haaßt Kolaric / Warum sogns' zu dir Tschusch?"

Das Kuratorium für Verkehrssicherheit wandelte diese Kampagne ab und versuchte den vielen Unfällen auf der Gastarbeiterroute entgegenzutreten. „Helfen wir Kolaric!" hieß die Aktion, die die ausländischen Lenker zu sicherem und vorsichtigerem Fahren anleiten sollte. Zudem wurden besonders gefährliche Stellen auf der Route mehrsprachig ausgeschildert.

Nach 1990 erledigten sich die Probleme entlang der Gastarbeiterroute von selbst. Die Kriege im Zuge des Zerfalls Jugoslawiens beendeten die massenhafte Durchfahrt. Aber Kriege sind natürlich keine guten Lösungen, auch nicht für Verkehrsprobleme. Sie brachten andere Probleme. Österreich hatte, so konstatierten einige, erstmals ein „Ausländerproblem". Es sollte die österreichische Innenpolitik nie mehr verlassen.

AUS JUGOSLAWIEN kamen ab 1991 keine Gastarbeiter mehr, sondern Flüchtlinge. Etwa 90.000 Menschen, zum größten Teil aus Bosnien, wurden in Österreich bis Mitte der 1990er-Jahre aufgenommen. Dabei zeigte sich ein Muster, das sich in der Flüchtlingskrise 2015 wiederholen sollte: Anfangs gab es viele Initiativen, um den Menschen auf der Suche nach Unterkunft und Versorgung zu helfen. Rasch etabliert sich jedoch auch eine politische Gegenbewegung. „Asylmissbrauch" und „Überfremdung" wurden Schlagworte in der politischen Debatte.

1993 initiierte die FPÖ ihr Volksbegehren „Österreich zuerst". Sie nutzte damit die durch die Flüchtlingsbewegung aus Jugoslawien ausgelöste gesellschaftliche Verunsicherung, um migrationskritische Positionen zu popularisieren und die politische Agenda zu beeinflussen. Das ist gelungen, nicht nur durch etwas mehr als 400.000 Unterschriften. Die SPÖ-geführte Regierung verschärfte noch im selben Jahr das Asylrecht.

Spätestens in diesen Jahren gelang es der FPÖ, ein Politikfeld gänzlich für sich in Anspruch zu nehmen: die Ausländer-Politik. SPÖ und ÖVP konnten in diesem Bereich auch bei weitgehenden Maßnahmen, die den Forderungen der Freiheitlichen entgegenkamen, nicht mehr gewinnen. Sie legitimierten damit nur die Ansinnen der FPÖ, verloren dabei aber über die Jahre immer mehr Wählerstimmen.

Diese Beschreibung trifft zu, wenn man den langen Zeitraum von den frühen 1990er-Jahren bis heute betrachtet. Kurzfristig war es anders, jedenfalls für die ÖVP – wenngleich nicht nachhaltig. Infolge der Migrationskrise 2015, die vor allem durch den Bürgerkrieg in Syrien befeuert wurde, entstand neuerlich ein Migrationsweg durch Südosteuropa bis nach Österreich, der an die Gastarbeiterroute erinnerte, auch in sprachlicher Hinsicht: die Balkanroute.

Hier gelang es der ÖVP unter ihrem damaligen Obmann Sebastian Kurz, sich dieser Balkanroute in einer Form anzunehmen, dass sie ein Stück weit das „Ausländer-Thema" besetzen konnte. Kurz war erfolgreich darin zu vermitteln, diese neue Route unter Kontrolle bekommen zu wollen. Dazu dienten bilaterale Gespräche mit den betreffenden Staaten entlang der Route. Am Ende wurde kommuniziert, diese Balkanroute geschlossen zu haben.

Die Bilder aber, die im Zuge der Migrationskrise 2015 entstanden, waren für viele Menschen bedrohlicher als andere zuvor. Autokolonnen, wie auf unserem am Beginn dieses Kapitels abgebildeten Foto, verursachen vielleicht Ärger. Aber bei den Menschen, die in diesen Autos saßen, musste man in der politischen Rhetorik immerhin noch zu einem von der damaligen ÖVP-Innenministerin Maria Fekter geäußerten Satz greifen. Als es 2009 um die Abschiebung eines aus dem Kosovo stammenden jungen Mädchens ging, sagte sie: „Ich habe nach den Gesetzen vorzugehen, egal ob mich Rehlein-Augen aus dem Fernseher anstarren oder nicht."

Die Bilder der Flüchtlinge im Jahr 2015 waren andere – und sie prägten noch lange nach ihrer Aufnahme über Monate und Jahre die Wahrnehmung und die öffentliche Meinung. Rehlein-Augen waren kaum noch dabei. Es waren zwar ebenso Kolonnen zu sehen, aber sie bestanden aus Menschen. Sie waren oft dunkelhäutig, trugen abgerissene Kleider und waren zu Fuß unterwegs.

Der ehemalige oberösterreichische Landeshauptmann Josef Ratzenböck traf bereits 1990 in einem Brief eine bemerkenswerte Unterscheidung in der Akzeptanz von Menschen. Vom Innenministerium forderte er darin, zur Vermeidung von Ertragseinbußen am Holzöster-Badesee jene Flüchtlinge aus der Fremdenverkehrsgemeinde Franking zu verlegen, „denen man die Abstammung ansieht".

Unabhängig von der Beurteilung des inhaltlichen Ansinnens hatte er mit der Einschätzung der Akzeptanz dieser Menschen durch die Bevölkerung nicht unrecht. Das zeigte sich ganz deutlich bei der vorerst letzten umfangreichen Aufnahme von Flüchtlingen in Österreich nach dem Überfall Russlands auf die Ukraine im Jahr 2022.

In der Folge flüchteten in noch kürzerer Zeit als während der jugoslawischen Zerfallskriege ähnlich viele Menschen nach Österreich. Etwa 80.000 Personen kamen aus der Ukraine. Das ist immerhin eine mehr als das doppelt so hohe Zahl wie jene, die nach langem und schwierigem Ringen infolge der Flüchtlingskrise 2015 als „Obergrenze" für die Aufnahme von Flüchtlingen in Österreich festgelegt wurde. Die Festlegung dieser Zahl sollte damals die leidige Debatte beenden, die in der SPÖ höchst verkrampft geführt wurde. Kanzler Faymann gebrauchte (und brauchte innerparteilich wohl) die Formulierung „Türl mit Seitenteilen", um einen Zaun zu benennen.

Trotz der diese Obergrenze nun übersteigenden Zahl an Schutzsuchenden aus der Ukraine gab es allerdings kaum politische Verwerfungen. Dazu trug auch das medial häufig vermittelte Bild bei: Es waren Frauen mittleren Alters und Kinder, niemandem war auf den ersten Blick anzusehen, ein „Ratzenböck-Ausländer" zu sein, wie sich die Begrifflichkeit in den 90ern – wohl hauptsächlich in Oberösterreich – zuweilen in den öffentlichen Diskurs eingeschlichen hat.

Die Geflüchteten aus der Ukraine haben in Österreich nicht Asyl nach der Genfer Konvention. Sie haben „Vertriebenen-Status". Das erspart ihnen, in einem langwierigen Asylverfahren individuelle Verfolgung nachzuweisen, und es ermöglicht einfacheren Zugang zum Arbeitsmarkt. Daran stößt sich niemand. Jedenfalls nicht, solange nicht die Autos in den Fokus geraten, mit denen sie gekommen sind. Ein wenig ist es also auch hier wie bei der Gastarbeiterroute. Die Autofrage verknüpft sich mit der Akzeptanzfrage.

In den Straßen Wiens, aber auch in vielen anderen Landesteilen finden sich Autos mit ukrainischen Kennzeichen. Das entfachte mit zweijähriger Verzögerung eine Debatte darüber, ob jemand, der mit dem Pkw gekommen ist, auch Grundversorgung beziehen darf. Es war von vornherein keine Frage der Fairness oder gar des Sparens, sondern vielmehr der Schikane.

DASS ICH DIE DISKUSSION darüber als Schikane gegen die Betroffenen betrachtete, hängt vielleicht mit einer gewissen Autoaffinität zusammen, die ich als Bub der 1970er-Jahre mitbringe und die jungen Menschen heute eher fremd ist. Ich war daher auch sehr berührt, als ich dasselbe VW-Modell, wie ich es fahre, in derselben Farbe und so schmutzig wie mein Wagen wenige Tage nach Kriegsausbruch in unserer Gasse parken sah. Ich war knapp daran einzusteigen, bis ich die ukrainischen Kennzeichen bemerkte. Sie haben mich angeregt zu imaginieren, wie ähnlich die hierher Geflüchteten vielleicht meiner Familie sind. Vielleicht stand eine Frau mit ihren beiden halbwüchsigen Töchtern in diesem Auto in der Früh des 24. Februar 2022 in der Kolonne auf der Ausfallstraße Kiews Richtung Westen. Vielleicht war sie stundenlang und ohne Pause unterwegs, wie einst die Lenker auf der Gastarbeiterroute.

Dort wartet noch immer unser in den Himmel blickender Passant. Vielleicht hat er ja doch nicht nicht über die „Deutschen Tschuschen" geflucht, so wie wir ihm das eingangs in den Mund gelegt haben. Vielleicht hat er nur die Gendarmerie ausrücken lassen, die ihm den Wechsel auf die andere Straßenseite ermöglichen sollte. Das ist den Einheimischen im Ennstal während der Blütezeit der Gastarbeiterroute in den 1970ern tatsächlich oft nur mit deren Hilfe gelungen.

Über Grund und Boden

WO LEBEN WIR DENN in dieser Republik? Diese Frage bezieht sich in diesem Kapitel ganz und gar nur auf den Ort, und darauf, wie es an diesem aussieht. Der Ort und wie er sich verwandelt, gibt Auskunft über die Verfasstheit unserer Gesellschaft.

Die Entwicklung der österreichischen Gesellschaft in der Zweiten Republik manifestiert sich nicht zuletzt darin, was sie im Laufe der acht Jahrzehnte in die Landschaft gestellt hat – und was sie hat verschwinden lassen. Die unsichtbaren Eigenschaften der Gemeinschaft, wie die Menschen miteinander in Beziehung stehen, was sie einander zumuten, wie sie wirtschaften und wie sie von welchen Ressourcen wie viel verbrauchen, all das erkennt man in unserer Landschaft. Auch, wenn die Menschen gerade abwesend sind, wie auf dem abgebildeten Foto aus Wien-Erdberg. Das Haus im Hintergrund wird noch nicht bewohnt, jenes im Vordergrund nicht mehr. Hier sehen wir eine Umbruchphase zwischen zwei Epochen und zwei Arten zu leben.

Bei Vorträgen über die Verwandlung unserer Lebensumgebung, die ich zuweilen in den Kulturzentren und Gemeindesälen dieses Landes halte, suche ich ein Bild des jeweiligen Ortes aus der Mitte des vorletzten Jahrhunderts. Oft gibt es Aquarelle oder alte Stiche aus der Zeit um 1850, die Einblick geben, wie es in der Heimat des Publikums einst ausgesehen hat. Ich fordere die Menschen dann auf, ein Foto aus den 1950er-Jahren, also etwa einhundert Jahre später aufgenommen, zur Hand zu nehmen; eines, das einen ähnlichen Ausschnitt der Landschaft im Fokus hat.

Fast immer ist es dasselbe Ergebnis: Den Unterschied zwischen den beiden Epochen erkennt man im Wesentlichen daran, dass auf dem zweiten Bild die Straßen asphaltiert, ein paar Häuser dazugekommen sind und statt des Ackergauls am Horizont ein Steyr-Traktor seine Furchen zieht. Oder manchmal auch nur daran, dass das eine ein alter Stich und das andere schon eine alte Schwarzweiß-Fotografie ist. Es sind also wenige Unterschiede in der Verwandlung der Welt, die trotz dieser etwa hundertjährigen Zeitspanne samt großen gesellschaftlichen und technischen Umbrüchen auszumachen sind.

Nach Hause schicke ich das Publikum dann mit der Aufforderung zu einem weiteren Vergleich. Viele haben in ihren persönlichen Alben Fotos aus der Zeit um 1990. Vielleicht ist es ein Blick über den Gartenzaun hinweg, oder vom Balkon des Hauses, hinein in die Landschaft rund um den Wohnort. Vergleicht man diesen Anblick mit der Gegenwart, kann man zumeist keine Ähnlichkeit mehr erkennen, so sehr hat sich unsere Lebensumgebung in dieser verhältnismäßig kurzen Zeitspanne verändert.

Es war nicht der Zweite Weltkrieg oder der davor, und es war auch nicht die letzte industrielle Revolution oder jene davor, die das Stadt- und Landschaftsbild in Österreich binnen hundert Jahren so tiefgreifend verändert haben. Erst ab den 1950er-Jahren vollzieht sich ein massiver Wandel, wie es ihn in der Siedlungsgeschichte Österreichs zuvor nicht gegeben hat. Bauen und Leben haben sich immer verändert. Um manche Spuren zu erkennen, muss man nicht viel mehr tun, als interessiert auf die Bauten in der eigenen Umgebung zu blicken.

Das Haus im
Hintergrund wird noch nicht bewohnt, jenes im Vordergrund nicht mehr. Hier sehen wir eine Umbruchphase zwischen zwei Epochen und zwei Arten zu leben.

Die allermeisten Orte in Österreich haben einen historischen Kern, in Ausnahmefällen noch von den Resten einer mittelalterlichen Mauer umgeben, wie in Friesach oder Steyr, in Güssing oder Krems. Es ist ein Platz, auf dem die öffentlichen Angelegenheiten verhandelt wurden, auf dem nicht nur der Markt abgehalten, sondern auch so manche Hinrichtung durchgeführt wurde. In konzentrischen Kreisen rundherum haben sich diese alten Zentren erweitert. An sie schließen historische Wohnhauser an, in denen einst auch Gewerbe betrieben wurde. Für die Zeit um 1900 lässt sich in den größeren Gemeinden auch für den Laien ein weiterer konzentrischer Kreis ausmachen: Es sind die klassizistischen Jahrhundertwende-Häuser mit ihren reich verzierten Stuckfassaden und hohen Raumhöhen. Selbst am Beginn der Zweiten Republik steht noch einmal ein solcher Kreis, der an verbautes Gebiet dicht anschließt: Es sind große Wohnblöcke wie auf unserem Bild, oft handelt es sich um sozialen Wohnbau, der den dringenden Wohnungsbedarf rasch abdecken sollte.

Ab Mitte des 20. Jahrhunderts aber war es mit dem Weiterbau an der Stadt oder an dem kleinen Ort am Land auch schon vorbei. Dann schließt nichts mehr unmittelbar an. Vielmehr entsteht ein großes Siedlungsrauschen. Ab dann mäandern Einfamilienhäuser in großer Zahl weit hinaus in die Landschaft, wie ein Fluss mit hunderten Seitenarmen. Zudem ergießen sich die Mehrzweckhallen und Diskontmärkte über Wiesen und Felder, als passierte das alles zufällig. Und zufällig muss es auch sein, denn nie zuvor in der Siedlungsgeschichte hatten wir so viele Regulative für Bauen und Siedeln wie in der Zweiten Republik. Dass irgendwo ein Landesbeamter im Referat für überregionale Raumplanung sitzt und sich freut: „Hier und dort machen wir es den Menschen so richtig schirch", wollen wir nicht unterstellen.

Vielfach verschwimmen aufgrund dieser Entwicklung Stadt und Land und es lässt sich keine tatsächliche Grenze ausmachen, an der eine Gemeinde endet und die andere beginnt. „Rurban" hat sich als Zwitterwort aus „rural" und „urban" für solche Landschaften herausgebildet. Sie stellen sich nur noch als Durchgangsorte dar, also als Transiträume. Ein Transitort ist schon rein begrifflich keiner, an dem wir „sein" wollen.

Diese Entwicklung beschleunigte sich in Österreich in der Zeit rund um 1990. Das lässt sich aus den beiden Vergleichsanregungen von Bildern aus 1850 und 1950 sowie zwischen 1990 und heute deutlich ablesen. Der Beginn der 1990er-Jahre markiert in mehrfacher Hinsicht eine Zäsur: Österreich rückte nicht nur von einer wirtschaftlichen Randlage am Eisernen Vorhang in die Mitte Europas. Es änderten sich auch die grundlegende Struktur und der Zustand unserer Gesellschaft.

Mit der Digitalisierung, die in den 1990er-Jahren so richtig Fahrt aufnahm und in unseren beruflichen wie privaten Alltag einzog, entwickelte sich die Haltung, alles müsse immer und zu jedem Zeitpunkt, überall und sofort verfügbar und möglich sein. Diese Haltung bildet sich seither auch in der Landschaft ab. Gepaart mit den technischen Möglichkeiten, große Kubaturen binnen weniger Tage auf die grüne Wiese zu klatschen, hat sich unsere Lebensumgebung nachhaltig (wenngleich hier im negativen Sinn zu verstehen) verändert. Solche Entwicklungen haben um 1990 in ganz Europa eingesetzt, hierzulande in spezifischer Ausprägung. Österreich verfügte beispielsweise seither in Relation zur Bevölkerungszahl europaweit über die umfangreichsten Verkaufsflächen im Einzelhandel.

Als ich Anfang der 2010er-Jahre erstmals in meinem Buch „Mut zur Schönheit" die rasante Verwandlung unserer Lebensumgebung beschrieb, standen jedem Menschen in Österreich, vom Baby bis zum Greis, knapp zwei Quadratmeter Einzelhandels-Verkaufsfläche zur Verfügung. Durch das Anwachsen des E-Commerce ging diese Zahl bis Mitte der 2020er-Jahre zwar auf etwa anderthalb Quadratmeter zurück. Aber noch immer liegt sie weit über dem EU-Schnitt, etwa um die Hälfte darüber. Sind wir in unserem Einkaufs- und Konsumverhalten so ganz anders als unsere Nachbarn?

Der Rückgang der Flächen, die der Einzelhandel in Form großer Diskontmärkte aller Branchen in Anspruch nimmt, führte aber keineswegs zu einem Rückgang des Verbrauchs von Landschaft. Wir sind noch längst nicht so weit, uns nach dem Gebrauch einer Fläche wieder zurückzuziehen. Für die Dauer unserer Lebenszeit, und wohl auch der unserer Kinder, ist diese Fläche schlicht nicht mehr da, wir haben sie verbraucht. Die wirtschaftliche Logik im Umgang mit Grund und Boden bringt es in den Jahrzehnten seit 1990 mit sich, dass 40.000 Hektar Industrie-, Gewerbe- und Wohnimmobilien brachliegen. Eine Fläche, etwa so groß wie Wien, ist ungenutzt.

Bemerkenswert auch, wie viel mehr Straßen und Parkplätze wir seit 1990 vermeintlich benötigen. Während die Bevölkerung in Österreich seither etwa um 20 Prozent gewachsen ist, hat die Größe der Verkehrsflächen um fast das Doppelte, um knapp 40 Prozent, zugenommen. Österreich hat mit 15 Metern pro Kopf eines der dichtesten Straßennetze. Unser Nachbar Deutschland kommt mit etwa der Hälfte aus.

ÖSTERREICH BEGANN in den 1970er-Jahren mit dem Bau vieler Umfahrungsstraßen. Transitverkehr, wie wir ihn im Kapitel über die Gastarbeiter kennengelernt haben, war nur ein Grund dafür. Vor allem in den Jahrzehnten bis zur Jahrtausendwende kamen in vielen Regionen des Landes solche Umfahrungen dazu. Das Jahr 2000 markiert dann aber auch eine weitere Wende: Es ist die Wende ins „Postumfahrungsstraßenzeitalter". Es ist die Zeit, in der Orte ohne Zentrum an dieser Umfahrung entstanden und andere sich leerten.

Viele ländliche Orte starben aus. Ihre Gastronomie- und Gewerbebetriebe lebten nicht zuletzt von der Frequenz, die auch durch den individuellen Straßenverkehr in die Gemeinde kam. Vielfach entstanden daher dieselben Orte – jedenfalls, was ihre funktionalen Angebote betrifft – an der neuen Umfahrungsstraße. Zuerst waren es der Gebrauchtwagenhändler oder Möbeldiskonter, dann kamen die Supermärkte und Bekleidungsketten, zuletzt zogen Bäcker, Optiker und Ärzte nach – auch wenn sie die billigen großen Flächen gar nicht gebraucht hätten. Es war vielmehr die neue Frequenz, die sie brauchten. Und so entstanden in den ersten Jahrzehnten des 21. Jahrhunderts in Österreich vielfach schlechte Kopien der gleichen Orte nochmals an der Umfahrungsstraße, in größerer Ausdehnung, durch Verbrauch von mehr Ressourcen und viel hässlicher. Die Umfahrungsstraße ist seither natürlich keine Umfahrung mehr. Sie führt durch den neu entstandenen Nicht-Ort ohne Zentrum. Es braucht daher vielfach schon wieder die nächste Generation einer Umfahrung.

Auch die Pläne vieler Bundesregierungen seit der Jahrtausendwende zur Beschränkung der Flächenversiegelung konnten diese Entwicklung nicht stoppen. Der tägliche Bodenverbrauch, der um 2010 mit mehr als 24 Hektar täglich am Höhepunkt war, halbierte sich zwar binnen eines Jahrzehnts. Wir verbrauchen dennoch rund 16 Fußballfelder Landschaft täglich. Von den anvisierten zweieinhalb Hektar ist Österreich also weit entfernt.

Die Grenzen des Wachstums, auf die zu Beginn der 1970er-Jahre erstmals auch ein breiteres Publikum mit einer Publikation des „Club of Rome" aufmerksam gemacht wurde, zeigen sich nirgendwo besser als an unserem Lebensraum. Als ich etwa zur selben Zeit die Volksschule besuchte, lernten wir über Österreich, dass unser Land 84.000 Quadratkilometer groß ist und zu etwa einem Drittel aus Siedlungsgebiet besteht. Damit war allerdings nicht gemeint, dass in diesem Drittel überall „Siedlungshäuser" stehen. Vielmehr waren Regionen gemeint, die in Kulturlandschaften umgewandelt werden können – wo also Menschen leben und Landwirtschaft betrieben wird. Der Rest galt als im engeren Sinne nicht nutzbarer Raum, wie die hochalpinen Gegenden, Wälder und Sümpfe, Lawinenzonen und Hochwassergebiete. Das hat sich binnen einer Generation geändert.

In den höchsten Höhen sind Chaletdörfer oder Windparks entstanden. Die natürlichen Grenzen des Bauens von Siedlungen und Infrastruktur haben sich im ausgehenden 20. Jahrhundert in Österreich aufgelöst. Schon sich selbst Grenzen zu setzen, ist nicht einfach. Eine ganze Gesellschaft tut sich damit noch schwerer. Als 2023 eine verbindliche Grenze für den Verbrauch von Boden in Österreich hätte verankert werden sollen, scheiterte das an den unterschiedlichen Interessen der Bundesländer.

In meinen Vorträgen zu diesem Thema setze ich daher oft weniger auf den Appell: „Tut's Platz sparen!" Die Menschen, so meine ich, lassen sich leichter mit der Aussicht erreichen: „Wir wollen's doch schön haben!" Ich stelle in diesem Zusammenhang also die ästhetische Vorgehensweise vor die ökologische. Das bringt, wie ich feststelle, viel Zustimmung. Aber es macht auch neue Widersprüchlichkeiten sichtbar.

Wer in den 1980er-Jahren gegen neue Wasserkraftwerke, wie etwa das in Hainburg geplante, auftrat, galt als ökologisch engagiert. Wer heute mit dem Ansinnen, Naturräume zu schützen, gegen Windparks auftritt, gilt deutlich weniger als ökologisch engagiert – im Gegenteil. Die politischen Konfliktlinien haben sich, was die Verwandlung unserer Lebensumgebung betrifft, in den 2010er-Jahren auf bemerkenswerte Weise verschoben.

In der Wahrheit leben

DURCH DEN EISERNEN VORHANG zu gelangen, war keine Kleinigkeit, nicht einmal mit dem besten Werkzeug. Das betraf nicht nur Personen, die aus dem Ostblock in den Westen wollten – auch von Österreich aus war der Übertritt alles andere als einfach. Lange Zeit galt die Devise, an der Grenze nur ja nichts falsch zu machen. Es galt, sich den Spielregeln der Bürokratie zu unterwerfen und den Schein zu wahren, auch wenn man den Eisernen Vorhang von Westen nach Osten passieren wollte. Es brauchte immer Geschick. Angaben in den Formularen beim Grenzübertritt mussten nicht stimmen, sie mussten richtig sein – im Sinne der Bürokratie.

Als wir in den späten 1970er-Jahren an die Grenze kamen, hatte ich Spielsachen mit im Auto. Und ich war instruiert worden, sie bei der Gepäcks- und Autokontrolle immer als die meinen zu bezeichnen, die ich klarerweise auch bei der Ausreise wieder mit dabei haben werde. Tatsächlich waren sie, wie so manch anderes, für die Verwandtschaft bestimmt.

Es gab aber auch den umgekehrten Fall: Einmal gab uns Onkel Vláda aus Prag einige teure Antiquitäten aus dem Bestand

Das Bild, würden wir heute sagen, ist ein Fake. Zwar hat alles so stattgefunden, wie es zu sehen ist. Aber es war inszeniert, um einer historischen Entwicklung, der Überwindung der Teilung Europas, ihr symbolhaftes Bild zu geben.

der Familie mit, die bis heute das Wohnzimmer meiner Mutter zieren. Ich hingegen freue mich, noch immer das kurze Gutachten zu besitzen, das er uns für die Rückreise mitgab und das die Gegenstände als billigen Ramsch auswies. Niemand sollte auf die Idee kommen, wir würden tschecholowakisches Kulturgut ausführen. Ich wurde in diese kleine Betrügerei eingeweiht und beobachtete die Grenzbeamten bei ihrem ausdauernden Studium der vielen Formularblätter. Sie fügten ihnen noch einige weitere Stempel hinzu. Bei solchen Gelegenheiten herrschte Anspannung am Eisernen Vorhang. Wenn wir mit dem Auto an der Grenze standen, alles untersucht und in Listen eingetragen wurde, lachte niemand. Man nützte die lange Fahrtunterbrechung auch nicht zur Jause, sondern ließ das Wartenlassen über sich ergehen. Man spielte mit und tat so, als hielte man es für völlig normal, bei einem Familienbesuch wie ein potenzieller Terrorist behandelt zu werden.

Dennoch, mein tiefes Vertrauen in Gerechtigkeit und Rechtsstaat – beides Begriffe, die ich damals zwar noch nicht einmal buchstabieren konnte, die mir unser Land aber atmosphärisch längst vermittelt hatte – ließen mir solche Situationen an der Grenze immer wie ein kleines Abenteuer erscheinen. Uns als Westler konnte doch hier nichts geschehen … Ich glaube, manchmal wussten beide Seiten darüber Bescheid, dass alles nur zum Schein passierte. Und jede Seite wusste, dass die andere Seite wusste, dass man es selbst durchschaut hatte. Alle lebten, um Václav Havel zu paraphrasieren, „in der Lüge".

Diese „Grenzerfahrung", wonach beide Seiten einander etwas vormachen, ist im Buch des tschechischen Dissidenten und späteren Präsidenten Václav Havel „Versuch in der Wahrheit zu leben" in Form der Geschichte vom Gemüsehändler zum Ausdruck gebracht. Ein solcher hängt in seine Auslage ein Schild mit der völlig geschäftsfremden Aufschrift „Proletarier aller Länder, vereinigt euch!". Er weiß nicht nur, dass es eine hohle Phrase und daher sinnlos ist, er weiß auch, dass das Regime weiß, dass er es nicht ernst meint. Aber weil alle mitspielen, wird er in Ruhe gelassen. Behörden oder Nachbarn kommen nicht auf die Idee, er destabilisiere das System. Dieses System besteht also aus einer Illusion, die bereits die Entfernung dieses Schildes ins Wanken bringen könnte. Zumindest der Gemüsehändler würde dann – wie es bei Havel heißt – „in der Wahrheit leben".

Im Jahr 1989 nahmen gleichsam immer mehr Gemüsehändler ihre Propagandaschilder aus den Auslagen – und brachten so die gesamte sozialistische Hemisphäre, den gesamten Ostblock, ins Kippen. Wer in Wahrheit leben will, muss die Wahrheit nicht durch einen Stacheldraht fernhalten und seine eigene Bevölkerung dahinter einsperren. Mauern fielen, Zäune wurden durchschnitten.

Am 27. Juni 1989 nahmen die beiden Außenminister von Österreich und Ungarn, Alois Mock und Gyula Horn, Bolzenschneider in die Hände und durchtrennten den Stacheldraht. Um genau zu sein: Auf unserem Bild am Beginn dieses Kapitels fehlten dem Draht die Stacheln bereits. Der Eiserne Vorhang war schon löchrig und öffnete sich da und dort. Anfang Mai 1989, also wenige Wochen vor dieser Aufnahme, wurden auf ungarischer Seite die Überwachungsanlagen abgebaut. Und wenige Wochen nach der Aufnahme des Fotos, im August, kam es zur Flucht von knapp 700 DDR-Bürgerinnen und Bürger über die ungarische Grenze nach Österreich. Die Menschen nützten eine kurze, als Symbol gedachte Grenzöffnung im Zuge des „Paneuropäischen Picknicks". Das war eine von Kaiserenkel Otto Habsburg mitinitiierte Versammlung ungarischer Oppositioneller.

Auch wenn das Verschwinden der Europa trennenden Grenze einige Zeit zuvor stattgefunden hat und die bis dahin größte Fluchtbewegung von DDR-Bürgern einige Wochen danach – das Foto zeigt seither ikonografisch das Ende der Teilung Europas. Es ist gleichsam der Mauerfall auf österreichisch.

Weniger als drei Wochen nachdem es aufgenommen wurde, schickte Außenminister Alois Mock den „Brief nach Brüssel", in dem Österreich die Aufnahme in die damalige EG und nunmehrige EU beantragte. Die später folgenden Beitrittsverhandlungen waren von einer leidenschaftlichen Debatte begleitet. Die beiden Großparteien SPÖ und ÖVP, zu dieser Zeit in einer Regierungskoalition vereint, befürworteten den Beitritt. Ihrer Einigkeit und Freude verlieh neuerlich Alois Mock mit einer ikonografischen Szene Ausdruck: Nach erfolgreichem Abschluss der Verhandlungen in Brüssel drückte er der mit ihm aufseiten der SPÖ verhandelnden Staatssekretärin Brigitte Ederer während einer Pressekonferenz das berühmte Busserl auf die Wange.

Die FPÖ vollzog in der Debatte über den Beitritt einen raschen Wandel und schwenkte von ihrer bisherigen Pro-Haltung zur Ablehnung, wie es sie auch auf der linken Seite des politischen Spektrums gab, bei Teilen der Grünen. Österreich war wie selten zuvor und danach durchflutet mit Diskussionen über eine der wichtigsten Weichenstellungen für unser Land seit Bestehen der Zweiten Republik. Mit teils sachlichen Argumenten für und wider die Sache, teils mit absurden. Aber immerhin gab es eine breite Debatte.

Ob eine solche Debatte, in die die gesamte Gesellschaft eingebunden ist, im Social-Media-Zeitalter noch einmal gelingen könnte, ist eine interessante Frage. Denn es gab ja schon damals Menschen, die eine Oppositionshaltung nur der Oppositionshaltung wegen eingenommen haben. Wenngleich ohne Posting-Möglichkeit. Nämlich ich.

IN MEINER SCHULE, vom Jesuitenorden geführt, war ich von Professoren mit starker christlich-konservativer Prägung begleitet. Ihre humanistische Haltung wurde mir – wie das wohl vielfach bei schulischen Tiefenerfahrungen ist – erst später bewusst. Damals herrschte bei mir die, wie ich meine, altersadäquate politische Trotzphase. Mit einigen anderen Klassenkollegen erwarben wir daher im Merchandising-Shop der KPÖ (der Laden hieß damals wahrscheinlich schlicht „Parteilokal“) einen Pullover mit dem Sujet eines großen Fisches (EG), der einen kleinen (Österreich) frisst. Darunter stand – dem Protest wohnte noch eine gewisse bildungsbürgerliche Höflichkeit inne –: „Nein, Danke."

Mein Glück in diesem Zusammenhang war ein zweifaches: Das einzige Foto von mir mit diesem Pulli befindet sich, analog ausgearbeitet, zu Hause in einem Album. Wäre es verstreut in den Weiten des digitalen Raumes, hätte ich mich wohl schon hundertmal davon distanzieren oder die banale Erklärung abgeben müssen, dass sich die Sicht auf die Welt zwischen dem 17. und dem 50. Geburtstag noch ein paarmal ändern kann. Und dass sie gerade zwischen dem 17. und 20. Lebensjahr, wenn man sich mit der Welt befasst, besonders volatil ist.

Glück war wohl auch, dass solche jugendlichen Anwandlungen mangels Verbreitungsmöglichkeit nicht Eingang in die damalige gesellschaftliche Debatte gefunden haben. Es reichte, wenn jene, die überlegterweise eine solche Haltung hatten, Teil des Diskurses wurden.

In der ersten Hälfte der 1990er-Jahre löste sich zwar die traditionelle Bindung an die Parteien bereits sukzessive auf. Das Ergebnis der am Ende des Beitrittsprozesses erfolgten Volksabstimmung war dennoch Spiegelbild der eingeübten Wahlpräferenzen. SPÖ und ÖVP überzeugten zwei Drittel aller Abstimmungsberechtigten. So trat Österreich am 1. 1. 1995 mit großer Mehrheit und – im Vergleich zu späteren Jahren – mit ebenso großen Erwartungen der Europäischen Union bei.

Das Herz war allerdings nicht dabei. Kein Wunder, waren die Versprechen doch eher wirtschaftlicher Natur, kühl berechenbare Entwicklungen, die vielfach ins Treffen geführt wurden: Der „Ederer-Tausender" etwa. Benannt nach dem Versprechen der Europa-Staatssekretärin Brigitte Ederer, wonach jedem Menschen in Österreich durch den EU-Beitritt jährlich tausend Schilling mehr „im Börserl bleiben würden", wie es so schön hieß. Das zielte auf Eigennutz ab. Aber Europa ist das Gegenteil davon.

Europa ist der Gegenentwurf zum Nationalstaat. Und damit ist ein Beitritt zur EU denknotwendigerweise mit der Aufgabe von nationaler Souveränität verbunden. Gerade der Nationalismus, der mit den Rufen „Zuerst" und „First" eine Renaissance erlebte, sollte damit überwunden werden. Manche Vorhaben sollten eben gerade nicht mehr in der Alleinentscheidung eines Landes liegen. Ein gemeinsamer Markt macht gemeinsame Entscheidungen nötig – und das können natürlich nicht nur solche sein, die im allerengsten Sinn mit Wirtschaft zu tun haben. Welche Rechte Menschen haben, unter welchen Bedingungen sie arbeiten und leben – das kann nicht unabhängig von der Produktion von Gütern betrachtet werden, die in einem gemeinsamen Markt gehandelt werden.

Diese Aspekte wurden allerdings am allerwenigsten vermittelt. Polittaktisch gesehen, war es kurzfristig vielleicht nötig, die wirtschaftlichen Dimensionen farbig darzustellen, um die hohe Zustimmung zu generieren, die es bei der Volksabstimmung 1994 auch tatsächlich gab. Auf lange Sicht führte es nicht nur zu abnehmender Freude mit der EU-Mitgliedschaft, sondern bei Umfragen über die Haltung der österreichischen Bevölkerung zur EU zur stabilen Platzierung im Schlussfeld unter allen Mitgliedstaaten.

Dabei stellten sich viele Prognosen, die es in der Beitrittsphase gegeben hat, als richtig heraus. Allein der Wegfall der Bürokratie für viele Unternehmen beim grenzüberschreitenden Handel sparte viele Milliarden Euro. Im- und Export in und aus diesen Staaten haben sich seit 1995 vervierfacht. Nicht zuletzt dadurch lag nach Berechnungen des Wirtschaftsforschungsinstituts WIFO das Bruttoinlandsprodukt jährlich um knapp einen drei viertel Prozentpunkt über dem Wert, den es ohne die EU-Mitgliedschaft gäbe. Da haben wir dann sogar den „Ederer-Tausender" als real eingetretene Versprechung ausgemacht. Aber die Herzen der Menschen werden dadurch nicht erreicht. Das ist schon an den sperrigen Fachbegriffen in diesem kurzen Absatz abzulesen.

Ein europäischer Traum – in Analogie zum amerikanischen – hat sich in Österreich nicht herausgebildet. Die zarten Ansätze dazu verkümmerten vollends, als dieser Traum plötzlich von Millionen anderen Menschen außerhalb der EU geträumt wurde. Und diese ihn auch noch verwirklichen wollten. Die Jahre der Migration ab 2015, als viele Tausende Menschen nach und noch viel mehr durch Österreich kamen, machten aber nicht nur das Elend deutlich, das sie verlassen wollten. Sie zeigten auch, welche Gesellschaften aufgrund ihrer demokratischen Entwicklung attraktiv für diese Personen sind. Nach Ungarn wollte kaum jemand.

Die Migrationsbewegung zeigt auch, dass beispielsweise eine gemeinsame Außengrenze und wie sie organisiert wird, eben gerade nicht nationale Angelegenheit eines einzelnen EU-Staats sein kann. Selbst wenn man also der Idee einer „Festung Europa" anhängt, braucht es die Aufgabe nationaler Souveränität, um diese Festung allenfalls zu sichern.

Mit der Sicherung der Grenzen Europas taten sich Linke wie Konservative gleichermaßen schwer. Denn die postnationale Konstruktion der EU basiert gerade darauf, im Inneren immer weniger Grenzen zu haben. Ein Bild, das der Schriftsteller Robert Menasse in einem Essay über Europa gezeichnet hat, brannte sich mir ein: Alle jemals auf diesem Kontinent gezogenen Grenzen auf einer Landkarte übereinandergelegt, bilden ein engmaschiges Netz, so dicht, dass es fast zu einer schwarzen Fläche wird. Zeichnet man darüber in Rot noch Linien zwischen allen jemals gegeneinander kriegführenden Ländern, verschwindet das Netz in einem rot gefärbten Feld.

Dieses Bild erinnerte mich daran, wie ich nach dem Fall des Eisernen Vorhangs erkannte, dass mein Atlas, den ich zur Firmung geschenkt bekommen hatte und der der ganze Stolz meiner damals kleinen Bibliothek war, wertlos geworden war. Alle Landkarten aus diesen Jahren des Umbruchs nach 1989 hatten eine nur kurze Halbwertszeit. Viele Länder rings um Österreich zerfielen, auch die verwandtschaftlich nahestehende Tschechoslowakei. Und doch wohnte dem Zerfall das Bestreben nach einer neuen Einigkeit in Europa inne. Weil sie von Souveränität getragen war, weil also die Aufgabe der Souveränität erstmals in der Geschichte aus völlig freien Stücken möglich war und nicht Folge von Krieg oder Unterdrückung, machte mir das große Hoffnung.

DIE SZENE AUF DEM BILD am Beginn des Kapitels ist eine wunderbare Metapher für diese Hoffnung der Wendejahre. Heute würde ein Bild, das Politiker beim Abbau von Zäunen zeigt, weniger Hoffnung als vielmehr Verunsicherung oder gar Angst hervorrufen. Umso mehr ist die Aufnahme mit ihrer erkennbaren Atmosphäre positiver Stimmung Symbol einer Utopie für die Zukunft. Und umso wichtiger war es für die Geschichtsschreibung der Zweiten Republik, diesen Moment perfekt zu inszenieren.

Diese Aufklärung bin ich noch schuldig. Denn das Bild, würden wir heute sagen, ist ein Fake. Zwar hat alles so stattgefunden, wie es zu sehen ist. Aber es war inszeniert, um einer historischen Entwicklung, der Überwindung der Teilung Europas, ihr symbolhaftes Bild zu geben.

Es erinnert ein wenig an Leopold Figls mittlerweile berühmte Weihnachtsansprache aus dem Jahr 1945, die zum wichtigen Bestandteil der Wiederaufbau-Erzählung des Landes wurde. Der spätere Sprecher von Bundespräsident Thomas Klestil, Hans Magenschab, erzählte mir einmal die dahinterstehende Geschichte. Als Reporter verbrachte ich rund um Regierungsverhandlungen viele Stunden vor der bekannten roten Tapetentür in der Hofburg. Da hatten wir für solch Anekdotisches Zeit. Die Rede Figls wurde in ihrer Originalfassung nicht aufgezeichnet. Dazu fehlten so kurz nach dem Krieg die nötigen Ressourcen. Magenschab schrieb sie in Abstimmung mit Figl nach, der sie dann kurz vor seinem Tod 1965 auf Band aufnahm. Auch wenn sie also nachgestellt ist, sie bringt ihre Absicht und die Zeitumstände besser als manch originales Dokument auf den Punkt. Das ist der Unterschied zu den quälenden Fakes, die uns die digitale Welt ständig anschwemmt.

Beim Fall des Eisernen Vorhangs 1989 war es der Fotograf Bernhard Holzner, der Alois Mock, für den er arbeitete, zum Arrangement der abgebildeten Szene animierte. Das, was man als den Eisernen Vorhang ausmacht, die wenigen durch das Bild verlaufenden Drähte, mussten dafür eigens gespannt werden. Das erklärt vielleicht auch, warum sie keine Stacheln hatten.

Die beiden Außenminister, Alois Mock und Gyula Horn, fielen übrigens nie aus ihrer Rolle. Sie spielten zwar eine Szene, aber sie gingen nicht so weit, auch noch die Illusion vermitteln zu wollen, sie seien die Bauarbeiter, die den Zaun niedergerissen hatten. Sie trugen also Anzug und Krawatte, genau wie in den Konferenzsälen Europas. Vielleicht war dieser Umstand mitverantwortlich dafür, dass aus dem Foto ein politisches Bild wurde, das den Umwälzungen in Europa weiter Auftrieb gab. Mit der Überinszenierung durch das Anlegen einer Bauarbeiterkleidung wäre das möglicherweise nicht gelungen. Solche Attitüden kamen erst später, mit Einsetzen des Social-Media-Zeitalters – und mit unserem nächsten Kapitel.

Brücken und Gräben

AM 11. OKTOBER 2008, kurz vor fünf Uhr in der Früh, klingelte mein Handy. So ungewöhnlich war das nicht. Denn noch telefonierte man eher, als dass man sich über drei Schreibtische hinweg eine WhatsApp-Nachricht schrieb. Und doch rechnete ich um diese Uhrzeit mit einer ungewöhnlichen Information. Die Alarmkette unserer Redaktion erreichte mich mit der Nachricht, Jörg Haider sei tot. Er war damals Landeshauptmann von Kärnten. Selten habe ich mich rascher auf den Weg ins Büro gemacht als an jenem Morgen. Das musste ein arbeitsreicher Tag werden.

Jahrzehnte im tagesaktuellen Journalismus zu arbeiten, mag die Vermutung nahelegen, man gewöhne sich an Überraschungen aller Art. Aber bis heute kann ich, wie ein kleines Kind vor dem Christbaum, darüber staunen, welche Wendungen jeder weitere Tag mit sich bringen kann. Dieser Oktobertag war in ganz besonderem Maße ein solcher. Denn es war klar: Hier ging es nicht nur um einen tragischen Unfall, sondern um weitreichende politische Auswirkungen.

Für Gerhard Dörfler, einen engen Weggefährten Haiders, war die „Sonne vom Himmel gefallen“, wie er es wenige Stunden nach

Haiders Nachfolger hält noch den Schraubenschlüssel in der Hand, mit dem er das Taferl befestigt hat. Für ihn war Haider ein „Brückenbauer".

dem Unfall unter Tränen ausdrückte. Anderen, noch engeren Wegbegleitern, von denen anzunehmen war, sie seien politische Mitarbeiter, kam gar ein „Lebensmensch" abhanden. Ein Ausdruck, der bis dahin von Thomas Bernhard besetzt war, der auf diese Weise seine „Tante" Hedwig Stavianicek titulierte. Es war tatsächlich bereits ein geflügeltes Wort, das sich auf die Reise durch emotionale Situationen aller Art machte. In diesem Kontext allerdings verstörte es viele dann doch. Aber das war nur ein vorläufiger Schlusspunkt an Verstörungen, die mit der Biografie Jörg Haiders, dieses die Zweite Republik auf ganz unterschiedliche Weise prägenden Politikers, einhergingen.

Auf der hier abgedruckten Abbildung huldigt Gerhard Dörfler seinem Vorgänger als Landeshauptmann im Jänner 2009 mit der Umbenennung einer Kärntner Brücke. Für ihn war nicht nur die Sonne vom Himmel gefallen, es seien auch „die Uhren stehen geblieben", wie er es ausdrückte. Gegner des polarisierenden und umstrittenen Politikers Haider empfanden das im Hinblick auf den im vorigen Jahrzehnt erstarkten Rechtspopulismus durchaus nicht als Bedrohung. Die Entwicklung dieser Art von Politik war so stark mit Haiders Person verknüpft, dass manche daran dachten, dass in diesem politischen Zusammenhang tatsächlich jetzt „die Uhren stehen bleiben" könnten. Aber das Gegenteil trat ein.

Mit Jörg Haider wurde Österreich europäischer Vorreiter in Sachen Rechtspopulismus. Er erspürte den Zeitgeist der 1980er-Jahre, der sich vorerst insbesondere in den USA unter Ronald Reagan zeigte. In Europa und vor allem im deutschsprachigen Raum war diese Strömung bis dahin völlig bedeutungslos. Die Rechtsextremisten in Deutschland unter Franz Schönhuber waren zwar laut und bis nach Österreich hörbar. Für demokratisch gesinnte Menschen mit einem Bewusstsein für die Vergangenheit ihres Staats während des Nationalsozialismus stellten sie auch durchaus eine Beunruhigung dar. In den verschiedenen Parlamenten jedoch waren sie nur mit der Lupe auszumachen.

Die FPÖ hingegen schaffte es bereits bei der Nationalratswahl im Jahr 1986, die Zahl ihrer Mandate um die Hälfte zu steigern. Die Geschichte des Aufstiegs der Partei geht Hand in Hand mit dem Bedeutungsverlust der zu diesem Zeitpunkt nach wie vor großen Parteien SPÖ und ÖVP, dem wir uns im nächsten Kapitel ausführlich widmen werden.

In den Augen Haiders galt es, in der Zweiten Republik an einer Dritten Republik zu schmieden. In seinem Buch „Die Freiheit, die ich meine" legte er das genauer dar. Er sah darin den Umbau der verfassungsrechtlichen Grundlagen des Staates vor. Ihm schwebte ein Präsidialsystem vor, zugeschnitten auf eine einzige Person, wodurch Parteien in der Folge ihre Funktion verlieren würden. Ein Arbeitsdienst für Männer und Frauen sowie ein staatlich kontrollierter Kulturbetrieb wurden in dem Buch ebenfalls skizziert.

Viele Publizisten versuchten dagegen anzuschreiben, ergründeten, wer die „Haider-Macher" und wer „Haider und sein Publikum" seien, führten Streitgespräche mit ihm über die Seiten eines ganzen Buches hinweg, zitierten „Haider wörtlich" und stellten sein Portrait am Umschlag des „Handbuchs des österreichischen Rechtsextremismus" neben die von Neonazis gerne verwendete „Reichskriegsflagge". Dagegen klagte Haider. Einer gerichtlichen Verfügung zufolge musste der Verlag, um das Buch weiterhin ausliefern zu können, sein Konterfei am Cover überkleben. „Überklebt aufgrund einer von Dr. Jörg Haider erwirkten einstweiligen Verfügung des Handelsgerichts Wien", hieß es auf den Stickern, die sein Gesicht am Buchumschlag nun abdeckten.

Der Aufkleber erregte mein Interesse. Es roch nach Zensur. Und auch wenn es keine war, vermeinte ich in meiner Buchhandlung etwas zu entdecken, was ich bis dahin nur im Bereich der weiter zurückliegenden Geschichte verortete: der Kampf um das Erscheinen eines Buches. Es war etwas Außergewöhnliches. Denn Anfang der 1990er-Jahre waren solche Vorfälle nicht gerade häufig in der diskursiven Auseinandersetzung, anders als später in den ausgehenden 2010er-Jahren im anbrechenden Zeitalter der „Wokeness".

ES GAB ALLERDINGS knapp ein Jahrzehnt zuvor schon einmal einen heißen Kampf um ein Buch, der sich mir als jungem Heranwachsenden ebenso einprägte: Es war der Kampf um Thomas Bernhards „Holzfällen". Im Rückblick war dieser Kulturkampf symptomatisch für das, was in der Politik bald folgen sollte. Rekapitulieren wir also kurz die Ereignisse:

Nach der Ehrenbeleidigungsklage einer Person, die sich im Buch unvorteilhaft dargestellt wiederzuerkennen glaubte, ordnete ein Gericht die Beschlagnahme aller bereits ausgelieferten Exemplare von „Holzfällen" in den Buchhandlungen Österreichs an. Es war ein noch nie dagewesener Skandal, der das Buch nur umso interessanter machte. Auch für mich.

Aus Gesprächen der Erwachsenen in meiner familiären Umgebung hörte ich, es würde gleichsam unter dem Ladentisch in Buchhandlungen zum Verkauf angeboten. Nicht ungefährlich, denn die Polizei kontrollierte, ob die Exemplare tatsächlich aus den Buchhandlungen weggebracht worden waren. Ein solches Aufhebens wegen eines Buches schien mir als Jugendlichem völlig unverständlich.

Ein oder zwei Jahre später entdeckte ich das Buch, das so viele Turbulenzen ausgelöst hatte, in der kleinen Bibliothek meiner Mutter in unserem Wohnzimmer. Ich wusste, es war ein Gastgeschenk, aus Deutschland mitgebracht, weil es hierzulande nicht erhältlich war. Und zu einem ganz besonderen Exemplar machte das Buch eine rote Schleife, die es im Regal unter den anderen Büchern herausstechen ließ. Darauf hieß es: „Dieses Buch ist in Österreich beschlagnahmt." Ich erwartete mir – den Grund für den Skandal hatte ich bis dahin nie richtig verstanden – natürlich einen ganz anderen, pikanteren Inhalt. Dennoch war ich bei der Lektüre fasziniert von einer Welt, die ich zwar kannte, aber noch nie aus dem Blickwinkel des Ich-Erzählers im Ohrensessel betrachtet hatte. Wir hatten einen grünsamtenen Ohrensessel in jenem Wohnzimmer, den ich von nun an mit ganz anderen Augen sah.

Nicht geringer fiel der Skandal aus, den das Theaterstück „Heldenplatz“ 1988 auslöste. Bernhards letztes Stück, geschrieben im Gedenkjahr, 50 Jahre nach dem „Anschluss“ Österreichs ans Deutsche Reich, nimmt Bezug auf die deklarierte Zustimmung der Bevölkerung, die am 15. März 1938 bei der Rede Hitlers am Wiener Heldenplatz zum Ausdruck kam. In einem Bogen vom Damals zum Heute des Jahres 1988 erging sich Bernhard, wie ihm von der Kritik vorgeworfen wurde, in „Österreichbeschimpfungen“. Das Zitat aus dem Zusammenhang des Stücks reißend, titelte die „Kronen Zeitung“ damals, Bernhard sehe in den Österreichern „6,5 Millionen Debile“. Diesmal ging – neben Bundespräsident Kurt Waldheim – auch Jörg Haider in die Provokationsfalle. Der eine wie der andere wollte das Stück, das der damalige Burgtheaterdirektor Claus Peymann auf die erste Bühne des Landes brachte, absetzen lassen.

Tatsächlich brachte das Werk allerdings die aktuellen Akteure der Politik als Protagonisten auf die öffentliche Bühne. Und ein wenig dürfte das auch Bernhards Intention gewesen sein. Es war ein Stück, das nicht nur im Theater, sondern in der gesamten Republik stattfand. Einer der Akteure war vorerst nur Statist: Heinz-Christian Strache. Ein Stück weit aber wurde bereits auch er, Haiders späterer Nachfolger und später Vizekanzler der Republik, bei dieser Gelegenheit politisiert. Er stimmte in den Chor jener ein, die von der Galerie aus ihren Unmut kundtaten. Ihr Patriotismus rieb sich an Sätzen wie „Es gibt jetzt mehr Nazis in Wien / als achtunddreißig / du wirst sehen / alles wird schlimm enden“, die Bernhard eine Figur im Stück sagen lässt. In den halbstündigen Applaus für Peymann und Bernhard nach der Premiere mischten sich Buhrufe und Gegenchöre. Der damals angestoßene Kulturkampf erfuhr wenige Jahre später seinen

Höhepunkt, als Haider die aus seiner Sicht rhetorische Frage plakatierte, ob man tatsächlich Peymann und (anstatt des mittlerweile verstorbenen Bernhard) Jelinek liebe, „oder Kunst und Kultur".

Die beiden Skandale, ausgelöst durch die Literatur eines der wichtigsten Autoren der Zweiten Republik, zeigen eine Verschiebung der politischen Parameter. Das Links-Rechts-Schema wurde ordentlich durcheinandergewirbelt. Galt Hochkultur, also das Burgtheater gleichermaßen wie etwa die Salzburger Festspiele unter Herbert von Karajan, bis dahin als Hort konservativer Bildungsbürger, rückten die Akteure nun deutlich nach links. Wirtschaftlich passierte das Umgekehrte: Mit der Krise der verstaatlichten Industrie und den Erfordernissen des EU-Beitritts ging eine Verschiebung nach rechts einher: Privatisierungen, Boni und verschärfte Konkurrenz.

Dem Zeitgeist folgend, ging die Verschiebung nach rechts aber darüber hinaus: In der Gesellschaft gibt es seither eine stabile Mehrheit rechts der Mitte. Die Spaltung des bürgerlichen Lagers, das die SPÖ mit einer erstarkenden FPÖ erhofft hatte, ging mehr und mehr auf ihre Kosten. Die FPÖ wurde zur Partei der Arbeiterschaft. Den Sozialdemokraten kam diese abhanden.

Die Person Haider und seine leicht eingängigen Parolen schafften Aufmerksamkeit. So wie die Herausgeber des „Handbuchs des österreichischen Rechtsextremismus" mit seinem Gesicht Publizität generieren wollten, taten das zunehmend auch die Printmedien, die sein Konterfei als verkaufsfördernd entdeckten. Haider hob die Auflage und damit die Anzeigenerlöse. Auch noch so kritische Berichte stärkten den Abgebildeten, sowohl in seiner Bekanntheit – was bald gar nicht mehr so wichtig war – wie auch in seiner Eigenschaft als Rebell, mit dem sich immer mehr Menschen identifizierten.

Der rege Zulauf ins nunmehr neue „Dritte Lager" war vielen ein Rätsel. Denn die Demokratie in Österreich – mit all ihren spezifischen Schwächen – war seit dem Krieg gut verankert. Nun aber kam ein Angriff, nicht nur auf die aktuell handelnden Akteure und ihre Politik, sondern tatsächlich auf „das System“ insgesamt, wie das Ziel bis heute bezeichnet wird.

Der Angriff erfolgte teil rückwärtsgewandt, mit Begrifflichkeiten und Ideen, die Anklang an den Nationalsozialismus und damit Provokationspotenzial hatten, und vorwärtsgerichtet, mit Begrifflichkeiten und Ideen, die alle Ursachen für aktuelle gesellschaftliche Probleme in Zuwanderung und Integrationsschwierigkeiten sahen. Kaum eine Herausforderung ließ sich nicht in diesen Kontext einfügen und auf „Ausländer-Probleme“ zurückführen. Gerade die für diesen Bereich der Ausländerpolitik vielfach unsensibel vorgetragenen und den Lehren aus der Geschichte widersprechenden Lösungsansätze führten dazu, dass die anderen Parteien in der Folge reflexhaft vorhandene Probleme auszublenden versuchten.

Aber oft waren Argumente nicht nur unsensibel vorgetragen und standen im Widerspruch zu den Erfahrungen aus der Geschichte, oft basierten sie schlicht auf falschen Fakten. Das war ein Novum. Es begann, unübersichtlich zu werden. Bisher hatte etwas Unrichtiges zu sagen den Hautgout der Dummheit. Schon wer irrte, galt – wenn es eine wichtige Person des öffentlichen Lebens war – als ungeeignet für die ausgeübte Funktion. Dass jemand für alle ersichtlich öffentlich lügt, war unvorstellbar. Die demokratische mediale Öffentlichkeit hatte keine Erfahrung damit und auch keine geeigneten Mittel, darauf zu reagieren.

ICH HATTE ALS JUNGER REDAKTEUR in diesen frühen 1990er-Jahren einst Frühdienst in der Nachrichtenredaktion und war verantwortlich für die morgendliche „Landesrundschau“ im Radio. Am Vorabend war Jörg Haider am Linzer Hauptplatz bei einer Kundgebung aufgetreten. In der Früh-Sendung um drei viertel sieben sollte ein Ausschnitt aus der Rede gesendet werden, die er dort gehalten hatte – eine Kollegin hatte mir bereits einen Ausschnitt vorbereitet. Als ich mir diesen Ausschnitt zuvor anhörte, zweifelte ich an einer von Haider erwähnten Zahl und versuchte, diese im tiefsten Vor-Internet-Zeitalter und zu dieser frühen Stunde nachzurecherchieren. Es ist eine alltägliche und geradezu selbstverständliche journalistische Tätigkeit. Da sich Haiders Behauptung als falsch herausstellte, merkte ich das in der Moderation in Zusammenhang mit dem Bericht kurz und sachlich an.

Als Neuling in jeder Branche freut man sich über Applaus der Altgedienten. Ich weiß noch, wie mir in der anschließenden morgendlichen Redaktionssitzung für diese kleine – und ganz selbstverständliche – Recherche Lob ausgesprochen wurde. So bedeutungsvoll das für mich war – immerhin erinnere ich mich daran –, so bedeutungslos war es gleichzeitig im größeren Kontext. Natürlich gilt bis heute der Grundsatz, Aufklärung und die Publikation von Wirklichkeit können die Gesellschaft zum Besseren beeinflussen. Aber mittlerweile ist die Erzählung über die Wirklichkeit nur noch ein kleiner Teil der publizierten Inhalte. Heute könnte man nicht mehr mit einer morgendlichen Recherche eine Behauptung richtigstellen, heute müsste man wohl das „Internet samt Social Media richtigstellen“.

Dem publizistischen Aufbäumen gegen das, was später „Fake News“ genannt wurde, mit den ersten Versuchen dessen, was später „Fakten-Checks“ genannt wurde, folgte aktionistisches Aufbäumen. Es folgte das „Lichtermeer“ im Jahr 1993, dessen Anlass das „Österreich-Zuerst“-Volksbegehren der FPÖ war. Das „Lichtermeer“ war die bis zu diesem Zeitpunkt größte Demonstration in der Zweiten Republik.

Die eine Seite, die sich vielfach als „Zivilgesellschaft“ bezeichnete, sah in der nun wachsenden anderen Gruppe nicht nur Menschen, die einen völlig anderen Lösungsansatz für gesellschaftliche Herausforderungen hatten. Sie attestierten ihr, einen gänzlich anderen Weg des gesellschaftlichen Aushandelns wählen zu wollen. Die einen bezeichneten die anderen als amoralisch, demokratiefeindlich und hetzerisch; die anderen wählten Begriffe wie affektiert, abgehoben und elitär-entrückt. Später kam als Zuschreibung „System" dazu, womit auch vor ganz klar nationalsozialistisch belasteten Begriffen nicht mehr zurückgeschreckt wurde – was die Sache nur noch konfrontativer machte.

Noch gab es institutionelle Deckung für die „Zivilgesellschaft": Als die FPÖ sieben Jahre später, im Jahr 2000, in die Regierung kam, verhängte die EU Sanktionen gegen Österreich. Genau genommen waren es keine EU-Sanktionen, sondern Sanktionen, die die damaligen anderen 14 EU-Staaten bilateral gegen Österreich beschlossen. Es ging also um den Kontakt zwischen den einzelnen 14 Ländern und Österreich auf diplomatischer Ebene. Eine solche Front gegen Österreich herzustellen, war in einem im Wesentlichen von Konservativen und Sozialdemokraten regierten Europa nicht allzu schwierig.

Österreich war also nicht nur Vorreiter in Sachen Rechtspopulismus in Österreich, sondern auch das erste Land, das dafür geächtet wurde. Wobei man damit keinen Trend setzte, denn es war nicht der Auftakt für die Ächtung antieuropäischer Tendenzen in EU-Ländern ganz generell. Die im Februar 2000 gesetzten Maßnahmen blieben ein einmaliges Vorgehen gegen ein EU-Mitglied.

Ich berichtete damals fürs Fernsehen über die Präsidentensuite im Wiener Hotel Imperial, die ich sonst wohl nie von innen zu sehen bekommen hätte. Es ist die größte und luxuriöseste Unterkunft an der Ringstraße: Ein fast 200 Quadratmeter großes Appartement, in dem man allmorgendlich vom Hausbutler gebügelte Zeitungen bereitgelegt bekommt. Wie ich erfuhr, soll diese Aufbereitung der Blätter verhindern, sich beim Umblättern, was damals noch die meistpraktizierte Lektüreart war, an der Druckerschwärze die Hände schmutzig zu machen. Das Interesse an dieser Suite im Hotel Imperial war deshalb so groß, weil hier die „Troika", ein aus drei „Elder Statesmen" zusammengesetzter Weisenrat, die Lage in Österreich per Gutachten beurteilen sollte.

Hier wurden Akteure der Politik empfangen, um Auskunft über ihre Pläne und Ansichten zu geben. Das Resultat war, dass diese als Exit-Strategie angelegte Vorgehensweise nach sieben Monaten zum Ende der Sanktionen gegen Österreich führte.

Die Verhängung von bilateralen Sanktionen gegen ein Land wiederholte sich aber nicht nur deshalb nicht, weil sie diplomatisch kontraproduktiv war, sondern weil Europa in den folgenden Jahren immer weniger konservativ und sozialdemokratisch geführte Regierungen hatte. Italien unter Berlusconi machte den Anfang, später folgten etwa Ungarn und Polen. Und mit der EU-Wahl 2024 spülte es, wie nie zuvor, Narren und Spinner ins EU-Parlament, wie man es im Jahr 2000 für unmöglich gehalten hätte: Hitler-Anhänger, die den Verbrennermotor erhalten wollen, Rechtsextremisten, die Journalisten erschießen und Homosexuelle auspeitschen lassen wollen, eine Linksaktivistin, die aufgrund ihrer Wahl nur der Verfolgung wegen lebensgefährlicher Körperverletzung in drei Fällen entgeht, und eine Kreml-treue Exorzistin, die den Teufel aus dem Parlamentsgebäude austreiben will.

Demokratie hält solche Narren aus. Der Rechtsstaat und die rechtsstaatliche Verfasstheit der Europäischen Union machten es bis zuletzt möglich, dass eine offene und liberale Gesellschaft sie einhegen kann. Ohne Zweifel gibt es aber wohl einen kritischen Punkt, an dem Demokratie kippt. Von Rechtsextremismus – das war in dieser Zweiten Republik bisher Konsens – haben sich Akteure des öffentlichen Lebens stets distanziert. Wenn eine Mehrheit aber eine solche Beurteilung nicht mehr als Beschimpfung sieht, sondern sie gleichsam wie einen Orden trägt, könnte dieser Kipppunkt erreicht werden.

OFFENE ANSPIELUNGEN an den Rechtsextremismus hatte Jörg Haider viele zu bieten. Von der „ordentlichen Beschäftigungspolitik“, die es im Dritten Reich gegeben hätte, bis zu den „anständigen Menschen mit Charakter“ in der Waffen-SS reichte sein reichhaltiger Zitatenschatz. Anders als viele vor und nach ihm, brachte er die Anspielungen nicht verbissen oder verstohlen vor. Es war geradezu lustvoll vorgetragen, in Erwartung des Skandals. Insofern hatte er – wenngleich mit Wirkung auf einem ganz anderen Feld – etwas Bernhardeskes an sich. Thomas Bernhard ließ, wie zuvor beschrieben, einen Protagonisten in „Heldenplatz" sagen, jetzt, 50 Jahre später, gebe es mehr Nazis als im Jahr 1938. Jörg Haider formulierte es ganz ähnlich, als er bestritt, dass seine Partei eine Nachfolgeorganisation der NSDAP sei: „Denn wenn sie das wäre, hätte sie in Österreich die Mehrheit."

Die Herkunft meiner Frau bringt mich sehr oft an den Geburtsort Jörg Haiders, nach Bad Goisern in Oberösterreich. Als mich im EU-Kulturhauptstadtjahr 2024 ein künstlerisches Projekt besonders intensiv mit dem Ort verband, besuchte ich in einer ruhigen Stunde das kleine Heimatmuseum dort. Es zeigte gerade eine Sonderausstellung über „b'sunane Goisara", wie es im Titel hieß, also über besondere Persönlichkeiten der Gemeinde.

Eine Tafel widmete sich Jörg Haider. Darauf hieß es, dass er kurz vor seinem Tod 2008 bei der Nationalratswahl einen letzten großen Erfolg einfuhr, „nicht nur mit seiner Ehrlichkeit, sondern auch mit seiner Umsetzungsstärke und Erfahrung". Schließlich sei er ein Mann gewesen, „der mit all seiner Unvollkommenheit die Herzen der Menschen erreicht hat, Zusammenhänge rasch verstanden hat und immer an das Gute geglaubt hat".

Eine Tafel an seinem Geburtsort als letzter Coup. Er, der als Erfinder des „Taferls" gilt. Während einer TV-Konfrontation im Nationalratswahlkampf 1994 überraschte er den SPÖ-Spitzenkandidaten Franz Vranitzky mit einem kleinen Schild, auf dem medienwirksam die Bezüge des Kammeramtsdirektors der steirischen Arbeiterkammer aufgelistet waren. Es war die Geburtsstunde des „Taferls" – und sie zeigte, dass Haider den Umgang mit dem Medium Fernsehen hervorragend beherrschte.

Das ultimative „Taferl" ist nun jenes, das uns in dieses Kapitel führte. Jene posthum angebrachte Erinnerungstafel an der Brücke über den Lippitzbach in Kärnten. Der Nachfolger Haiders als Kärntner Landeshauptmann hält noch den Schraubenschlüssel in der Hand, mit dem er es symbolisch befestigt hat. Für ihn war Haider, wie er das bei dieser Gelegenheit betonte, ein „Brückenbauer". Vielleicht war es gar nicht so metaphorisch gemeint, wie Kritiker das damals interpretierten. Sie zogen in Zweifel, ob Haider tatsächlich Menschen in Verbindung gebracht hat wie die einen breiten Graben überspannende Brücke. Die Antwort auf die Frage, welche gesellschaftlichen Gruppen das gewesen sein sollen, die Haider miteinander verbunden hätte, blieb Dörfler auch tatsächlich schuldig. Aber vielleicht war er in diesem Moment auf der Brücke ganz einfach nur in seiner ehemaligen Rolle als Straßenbaureferent.

Die Symbolik regt zum Nachdenken darüber an, wie viel Überbrückung möglich ist, wie viel Verbindung zwischen den sich immer weiter voneinander entfernenden politischen Milieus wünschenswert ist. War man dem Menschen Haider nah, so erzählen viele Journalisten übereinstimmend, war man von der Verbindlichkeit seiner Person überrascht. Man kann es Verblendung oder Verständnis nennen. Für eine objektive Beurteilung muss dennoch das Politische in Wort und Tat der Maßstab bleiben. Und dann ist eine Gesprächs-Brücke über den Graben, der Anhänger und Gegner trennt, sehr schwierig zu spannen. Manch einer meint eine Grenze ausmachen zu können: Mit Faschisten zu sprechen, komme nicht infrage. Ich bin mir selbst darüber nicht sicher. Ich glaube, im Zweifel gilt: miteinander reden.

Aufstieg, Fall und die letzte Instanz

MIT DER BUNDESPRÄSIDENTENWAHL im Jahr 2016 schließt sich ein Bogen in der Geschichte Österreichs, vom Entstehen der Republik bis in die Gegenwart. Denn bis zur Wahl 2016 war es Mitgliedern von ehemals regierenden Häusern nicht erlaubt, als Präsidentschaftskandidaten anzutreten. Diese Bestimmung in der österreichischen Bundesverfassung sollte nach dem Untergang der Monarchie die Republik stärken und schützen und zielte daher vor allem auf die Habsburger ab. Sie war in der Frühzeit der Zweiten Republik ideell eine wichtige Regelung. Und noch 1972 zog Bundeskanzler Kreisky Kritik auf sich, weil er Kaiserenkel Otto Habsburg bei einer Veranstaltung die Hand schüttelte.

2016 war das Ende des sogenannten „Habsburgerparagrafen" kaum eine Randnotiz wert. Es war nur noch ein Kuriosum der Geschichte. Die Aufmerksamkeit der Öffentlichkeit richtete sich auf ganz etwas anderes: auf die beiden älteren Herren auf unserem Bild und das Schicksal ihrer beiden Parteien.

Die äußere Gefasstheit der beiden Männer vermittelt mehr Traurigkeit, als es vielleicht der Fall gewesen wäre, wenn sie ganz

Die äußere Gefasstheit der beiden Männer vermittelt mehr Traurigkeit, als es vielleicht der Fall gewesen wäre, wenn sie ganz authentisch ihre Gefühle gezeigt hätten.

authentisch ihre Gefühle gezeigt hätten. Die „Politik der Gefühle“ war ja schon längst angebrochen. Die Gesellschaft hätte mit den Emotionen der beiden wohl gut und routiniert umgehen können.

Genau 30 Jahre zuvor, im Zuge der Waldheim-Wahl 1986, brachte es der österreichische Autor Josef Haslinger in seinem Buch „Politik der Gefühle“ sinngemäß auf die Formel: Wer sagt, „alle, die sich in diesem Land nicht vertreten fühlen, sollen in mir einen Fürsprecher haben“, brauche kein politisches Programm. Das Gefühl als Botschaft reiche. Es war der erste Befund einer Politik der Gefühle in einem analytischen politischen Essay, der eine breite Öffentlichkeit bekam. Unser Deutschprofessor war davon ganz angetan. Obwohl als Lehrer in einer Jesuitenschule tief im christlich-konservativen Milieu verwurzelt, empfahl er uns das Buch dringend zur Lektüre. Ich erinnere mich noch, dass er Titel und Autor während der Schulstunde als einzige Notiz mit Kreide an die Tafel schrieb. Für diese Herangehensweise an die Horizonterweiterung von uns Halbwüchsigen kann ich ihm leider erst heute dankbar sein. Damals war es – in der bedauerlicherweise bis heute vielfach gültigen Logik schulischer Pädagogik – nur zusätzlicher Ballast.

30 Jahre nach Erscheinen dieses Buches also stehen Andreas Khol von der ÖVP und Rudolf Hundstorfer von der SPÖ vor den Kameras – und am Anfang vom Ende der Zweiten Republik, wie wir sie bis dahin kannten. Es war im ORF-Wahlstudio, an einem einschneidenden Wahlabend im April 2016, am Beginn einer achtjährigen Zäsur. Sie endete mit dem Sieg der FPÖ bei der Nationalratswahl 2024.

Gemeinsam mit meiner damaligen Moderationskollegin brachten wir im Frühjahr 2016 in einem Reigen von TV-Duellen die Kandidaten zur Bundespräsidentenwahl – zu den fünf Herren gesellte sich auch eine Frau als sechste Kandidatin – in unserem Studio zusammen. Wir nannten die Sendung „Zwei im Gespräch“, jeder traf auf jeden anderen. Die Kandidaten, die zur Wahl antraten, entsprachen in etwa der parlamentarischen Parteienlandschaft. Jede Partei schickte eine Person in die Wahlauseinandersetzung oder unterstützte eine Kandidatin zumindest ganz gezielt. Ein letztes Mal in seinem Leben versuchte sich übrigens auch die Society-Figur, der Bauunternehmer Richard Lugner, auf dem politischen Parkett. Was ihn an diesem Abend von den Vertretern der „Gerade-noch-Großparteien" unterschied: Er war von seiner eigenen Chancenlosigkeit wohl am wenigsten überrascht.

Für die beiden bisherigen Großparteien SPÖ und ÖVP gingen die beiden abgebildeten Herren ins Rennen. Schon dem ging ein zähes Ringen voraus. Denn es war sehr bald klar, dass dies die erste Wahl seit 1945 werden wird, in der es für die staatsgründenden Parteien nichts zu holen gibt. Anders als alle bisherigen Bundespräsidentschaftswahlkämpfe wird es kein Rennen zwischen den beiden Parteien, keine sichere Bank für Rot oder Schwarz werden. Daher drängte sich niemand vor, um ohne Aussicht auf Erfolg die Strapazen eines anstrengenden Wahlkampfs auf sich zu nehmen. Zu diesem Zeitpunkt wusste man noch nicht einmal, dass es der längste Wahlkampf wird, den die Zweite Republik bis dahin erlebt hatte.

Er begann in den ersten Wochen des Jahres 2016 und sollte erst im Dezember dieses Jahres zu Ende gehen. Die erste Etappe war der erste Wahldurchgang im April.

Wenn Ereignisse nicht weit zurückliegen, dann ist vielfach Vorsicht angebracht, Ereignisse als historisch zu qualifizieren. Vor allem, wenn es um innenpolitische Entwicklungen geht, tun das die Akteure und auch manche Medien sehr rasch, ordnen Entscheidungen, Wahlergebnissen und Wendungen aller Art die Eigenschaft „historisch" zu. Das generiert Aufmerksamkeit. Hier ist es tatsächlich angebracht. Der Beginn der achtjährigen Zäsur ist an jenem Wahlabend an mehreren „historisch" erstmaligen Ergebnissen festzumachen.

Erstmals bei einer Bundeswahl entscheidet sich eine deutliche Mehrheit aller Wahlberechtigten für einen Kandidaten der FPÖ. Norbert Hofer erreicht mehr als ein Drittel der Stimmen. Bemerkenswert ist weniger, dass der enorme Abstand zum Zweitplatzierten fast 15 Prozentpunkte ausmacht, sondern dass die beiden bisher immer als Großparteien bezeichneten Fraktionen beziehungsweise deren Kandidaten für diese Wahl gemeinsam nur noch auf etwas mehr als 20 Prozent der Wählerstimmen kommen. Es ist ein Tiefpunkt für jene Parteien, die in den ersten Jahrzehnten der Republik gemeinsam oft etwa 90 Prozent und darüber hatten. Das Attribut „staatstragend" ist ab diesem Zeitpunkt nicht mehr so leicht mit ihnen zu assoziieren.

In beiden Parteien wurden Nervosität und Unruhe größer. Zuerst ist es der Vorsitzende der SPÖ, der aufgrund dieser Entwicklungen seinen Sessel räumen muss. Kanzler und SPÖ-Chef Werner Faymann ist durch die Migrationskrise im Jahr zuvor politisch angeschlagen. Sein krampfhaftes Ringen um Flüchtlingsobergrenzen und um eine für die Partei akzeptable Bezeichnung eines geplanten Grenzzaunes („Türl mit Seitenteilen", wir erinnern uns an das Kapitel über Migration) hat ihn bereits stark geschwächt.

Sein Nachfolger wird der bisherige ÖBB-Chef Christian Kern – nicht zuletzt, weil seine öffentlich vorgetragene Analyse der politischen Situation bei vielen verfängt: Er meinte, wenn seine Partei, die SPÖ, aber auch der Koalitionspartner ÖVP ein solches „politisches Schauspiel weiter liefern, dann haben wir nur noch wenige Monate bis zum endgültigen Aufprall". Der Aufprall kam dann doch mit einiger Verzögerung, acht Jahre später – aber er kam. Der Anlauf zu diesem Aufprall allerdings, der erfolgte bereits in diesen Wochen des Jahres 2016.

Der zweite Wahldurchgang im Mai desselben Jahres war die nächste Etappe. Er ging, wie der spätere Bundespräsident Van der Bellen feststellte, „arschknapp" aus. Erstmals in der Geschichte der Zweiten Republik stimmte nahezu die Hälfte der Wählerinnen und Wähler, also fast eine absolute Mehrheit, für die FPÖ. Nur etwa 15.000 Stimmen fehlten auf 50 Prozent. Oft wird eingewendet, hier sei eine beliebte Person, nicht eine Partei zur Wahl gestanden, das relativiere dieses Ergebnis. Dagegen spricht, dass die FPÖ – anders als die anderen Parteien – nicht versucht hat, eine vermeintliche Unabhängigkeit des eigenen Kandidaten zu vermitteln. Sie sprach mit fester Überzeugung von einem „Parteikandidaten“, der auch seine Parteimitgliedschaft im Wahlkampf nicht ruhendstellte.

DIESE ENTWICKLUNG der österreichischen Parteienlandschaft hat ihre Vorgeschichte. Sie reicht zurück bis zu den tiefgreifenden Veränderungen der FPÖ nach Übernahme der Partei durch Jörg Haider 1986. Er machte das, was bis dahin „Drittes Lager“ genannt wurde, zu einer der ersten europäischen rechtspopulistischen Parteien. „Drittes Lager“ bezeichnete nicht nur eine weitere Idee (also eine dritte) neben der Sozialdemokratie und dem konservativ-bürgerlichen Lager, sondern auch im allgemeinen Sinnzusammenhang die Stärke dieser politischen Gruppe. Sie war lange Zeit die kleine und damit „dritte“ Gruppe. Seit dem Jahr 2016 wurde zunehmend deutlich: Sie kann auch das „Erste Lager“ werden.

Bevor sie diesen Weg genommen und sich nachhaltig als eine der stärksten Parteien etabliert hat, gibt es in diesem längsten aller Wahlkämpfe der Zweiten Republik eine nächste, eine dritte Etappe. Und wieder ist es ein Ereignis historischer Dimension. Erstmals wird vom Verfassungsgerichtshof (VfGH) eine Wahl zur Gänze aufgehoben und muss bundesweit wiederholt werden. Die FPÖ hatte die Wahl beim Höchstgericht angefochten. Sie begründete das mit Unregelmäßigkeiten beim Auszählen der Briefwahlstimmen. Zwar hatten die Unregelmäßigkeiten, die die Verfassungsrichter später feststellten, keine Auswirkung auf das Wahlergebnis. Aber Wahlen sind nun einmal „das Fundament unserer Demokratie“, wie das der damalige Präsident des Verfassungsgerichtshofs, Gerhart Holzinger, bei der Verkündung des Erkenntnisses formulierte. Deshalb hatte der Verfassungsgerichtshof bei dieser Gelegenheit auf einige weitere Usancen geblickt, die sich im Verlauf der Jahrzehnte in die Abhaltung der Wahlen eingeschlichen haben.

Dazu gehörte etwa die Begleitung von Kandidaten und Kandidatinnen bei der Stimmabgabe im Wahllokal durch viele Kameras. Dass unser Wahlrecht eine „geheime" Wahl vorsieht, war uns bisher eine unbeachtete Selbstverständlichkeit. Zuweilen kamen daher auch Politiker aus der Wahlzelle und zeigten ihre getroffene Wahl – natürlich immer sie selbst – per Stimmzettel in die Kamera. Ein geheimes Wahlrecht verbietet nicht, über seine Entscheidung öffentlich Auskunft zu geben. Das wird nur manchmal von Politikern genau dann ins Treffen geführt, wenn sie ihre Wahlentscheidung gerade einmal nicht öffentlich machen wollen, obwohl sie sonst immer Tipps parat haben, wer von den anderen lieber nicht zu wählen ist. Die journalistische Begleitung ins Wahllokal war also vorbei. Seither fehlen die TV-Bilder der wählenden Kandidaten und Kandidatinnen.

Was es mit der absoluten Möglichkeit auf sich hat, die eigene Wahl geheim zu halten, ist in demokratiepolitisch stabilen Zeiten nicht einfach zu erklären. Das erstmalige Ereignis einer Wahlaufhebung durch den Verfassungsgerichtshof allerdings war ein guter Anlass, eine breitere Öffentlichkeit mit dieser für die Demokratie unabdingbaren Idee zu befassen. Denn immer häufiger wird über die Vereinfachung des Wählens in digitalen Zeiten diskutiert und dabei dieser wichtige Punkt des Wahlrechts – die Möglichkeit der Geheimhaltung – außer Acht gelassen.

Wenn ich wirklich will, gelingt es mir, dass mir niemand über die Schulter schaut, wenn ich meine Wahl ins Handy tippe, könnte man annehmen. Aber so ist es nicht für jeden. Dazu braucht es gar nicht den Druck einer Diktatur, die ein gesellschaftliches Klima schafft, öffentlich zu wählen – und dabei den Schein aufrechterhält, das geschehe freiwillig.

Es reichen schon patriarchale Strukturen, in denen jemand, der wählt, bei diesem Akt nur einfach nicht in Ruhe gelassen wird. Solche Strukturen gab es noch am Beginn der Zweiten

Republik, als zumeist Männer ihren Frauen und Väter ihren Töchtern so nachdrücklich erklärten, wer zu wählen sei, dass es einem klaren innerfamiliären Befehl gleichkam. Heute sind solche Order in Parallelgesellschaften anderer kultureller Prägung möglich. Wer gegen seinen Willen Kleidungsvorschriften befolgen muss, kann leicht auch politischem Druck ausgesetzt sein.

Und doch kann einem in der Wahlzelle niemand über die Schulter blicken. Das Wahlgeheimnis ist demnach keine Möglichkeit, das eigene Abstimmungsverhalten geheim zu halten. Es ist vielmehr – und darauf kommt es an – die Unmöglichkeit, das eigene Abstimmungsverhalten zu beweisen. Darin liegt das Geheimnis und damit der Kern der Idee. Was jemand über seine Wahlentscheidung im Nachhinein erzählt, ist belanglos, solange die Erzählung nicht überprüft werden kann.

Das klingt banal, wird bei den aktuellen Debatten über eine Vereinfachung der Wahl aber vielfach aus den Augen verloren. Zuletzt wurden die Kosten von 16 Millionen Euro für die Briefwahl kritisiert. Der Wunsch nach einer Digitalisierung der Briefwahl, der Wunsch nach E-Voting, wurde von den Gemeinden aus Kostengründen ins Treffen geführt. Eine solche Weiterentwicklung mag auf den ersten Blick verlockend sein. Von der Unmöglichkeit, die eigene Wahlentscheidung beweisen zu können, führen solche Überlegungen aber weit weg. Vielleicht haben die Digitalisierung und die Mobilität (alles von überall tun zu können) gerade da ihre Grenzen, wo es um die Grundlagen unseres Zusammenlebens geht. Die Wahlen sind ja nicht nur das Fundament dafür, wer uns regiert, sondern zuallererst, wer das Regelwerk für unser Zusammenleben beschließt.

In guten Zeiten ist es auch per Handywahl einfach, geheim zu halten, wie ich mich bei meiner Wahlentscheidung verhalte. In demokratiepolitisch schlechten Zeiten ist das hingegen einfach zu manipulieren. Vielleicht brachte der Diskussionsanstoß, den das Höchstgericht im Juli 2016 gegeben hat, auch die Erkenntnis, dass Wählengehen einen hohen Wert hat und ein klein wenig mehr Aufwands bedarf als die Online-Pizzabestellung per flüchtigem Wischen über den Handybildschirm.

Wie selten zuvor stand in diesem Jahr ein Höchstgericht und seine Arbeit im Mittelpunkt der medialen Aufmerksamkeit. Auch wenn klar ist, dass Anträge an den Verfassungsgerichtshof zuweilen politisches Kalkül beinhalten, letztlich ist es eine Rechtsentscheidung, die das Richterkollegium zu treffen hat. Die Wahlanfechtung im Jahr 2016 mag also durchaus von der Absicht getragen gewesen sein, eine verlorene Wahl über Umwege doch noch gewinnen zu können. Sie hatte aber im funktionierenden Rechtsstaat letztlich eine andere Wirkung: Sie sorgte für behördliche Genauigkeit bei der Durchführung von Wahlen in unserem Land, und sie verdeutlichte breiten Bevölkerungsteilen die Grundsätze unserer Demokratie.

Das war nur möglich, weil außer Streit stand zu akzeptieren, was auch immer der Verfassungsgerichtshof entscheiden mag. Auch das ist für eine Demokratie von großer Bedeutung: Ein Streit muss durch eine letzte Instanz irgendwann beendet werden – in einer Form, die alle akzeptieren.

Es hätte auch anders kommen können. Denn gemäß dem Spruch „Zwei Juristen, drei Meinungen“ findet sich immer jemand, der ein Erkenntnis oder ein Gerichtsurteil kritisiert. Das ist legitim. Setzen sich dann aber Parteien und ihre maßgeblichen Protagonisten auf diese Kritik und verwenden die juristische Argumentation in einem parteipolitischen Sinne, werden die Justiz und das Vertrauen in sie geschwächt.

Nach Aufhebung der Wahl im Sommer 2016 kritisierte der renommierte Verfassungsjurist Heinz Mayer, dass der VfGH dem Antrag der FPÖ auf Aufhebung der Wahl gefolgt ist. Seine harsche Kritik, wonach die Höchstrichter sogar den „Boden der Verfassung verlassen“ hätten, hätte gute Saat dafür sein können, diesen obersten Schiedsrichter in die Tiefen der politischen Wahlkampfauseinandersetzung zu ziehen. Das ist zum Glück unterblieben. Und vielleicht hat dazu auch ein wenig die Konzeption des Gerichtshofs beigetragen, die wir einem der Schöpfer des Bundes-Verfassungsgesetzes verdanken, Hans Kelsen.

DIESE RECHTLICHE GRUNDLAGE, auf der seit dem Jahr 1920, und dann wieder ab 1945 unsere Republik fußt, sieht den Verfassungsgerichtshof als ein zentrales Element vor. Er soll die Rechtsstaatlichkeit im Land gewährleisten. Für damalige Verhältnisse, bei Gründung der Republik, war es ein neuer Gedanke, dass auch der Souverän – in der Republik das durch seine Abgeordneten repräsentierte Wahlvolk – beschränkt ist. Er kann eben gerade nicht jedes Gesetz beschließen, wie er denn will. Die Verfassung bildet die Grenzen dafür, und der Verfassungsgerichtshof kontrolliert sie.

Die Kontrolle aber gelingt nicht, wenn infrage gestellt wird, ob das Richterkollegium nicht doch eine parteipolitisch motivierte Entscheidung getroffen hat. Heinz Mayer hat zwar rein juristisch argumentiert, allerdings war er auch Teil von Alexander Van der Bellens Personenkomitee. Leicht hätte seine Argumentation parteipolitisch vereinnahmt werden können. Es ist nicht zuletzt deshalb unterblieben, weil das Kollegium der Richterinnen und Richter von den unterschiedlichen Parteien beschickt wird – und am Ende, bei Vorliegen eines Erkenntnisses, nicht klar ist, wer sich wie dazu geäußert hat, wer also für dieses Ergebnis war und wer dagegen. Eine Institution ist stärker, wenn sie nach außen hin geschlossen auftritt. Den Meinungsfindungsprozess offenzulegen, bringt nicht immer Vorteile. Es ist das Paradox auch meines Berufsstandes, des Journalismus: Nicht eine noch größere Informationsfreiheit, das noch exaktere Wissen über den genauen Hergang der Dinge, etwa wer welche Position vertreten hat, führt zum Gelingen des guten Zusammenlebens. Es ist zuweilen auch das Gegenteil: Die letztendlich gemeinsame Entscheidung, hinter die sich alle stellen. Hier sehen wir also, wie der Fetisch der Transparenz fehlgehen kann. Alles öffentlich zu machen, kann Akzeptanz auch verhindern.

Dass der Verfassungsgerichtshof 2016 in den Fokus einer breiteren Öffentlichkeit gerückt ist, zeigte deutlicher denn je in der Geschichte der Zweiten Republik seine Funktion im Machtgefüge. Sie ist Hilfe und Hemmnis zugleich.

Zum einen beschneidet sie – wie oben beschrieben – den Gesetzgeber in allzu großer Willkür, die Dinge unseres Lebens zu regeln. Das kann dann wichtig werden, wenn antidemokratische Kräfte auf dem Vormarsch sind. Parteien mit solchen Tendenzen, wie etwa die PiS in Polen oder die Fidesz in Ungarn, zielen daher, nachdem sie an die Macht kommen, rasch darauf ab, solche Bollwerke gegen ihre Vorhaben zu zerstören. Deutschland hingegen rüstete sich nach den Wahlerfolgen der rechtsextremistischen AfD in manchen Bundesländern, indem es die Organisation dieses Höchstgerichts rechtlich stärker verankerte. Demokratie und Rechtsstaatlichkeit lassen sich durch erstarkende Extremisten dann nicht so leicht aushöhlen. Umgekehrt war über die Jahrzehnte der Zweiten Republik eine Verrechtlichung von Politik zu beobachten. Der Gestaltungsspielraum, so manche Regelungen grundlegend zu ändern – weil sich die Welt in diesem Bereich grundlegend geändert hat –, wurde dadurch schwieriger. Dieses Problem hat zwei Jahre nach diesem speziellen Wahljahr für Österreich der nachmalige FPÖ-Parteichef Herbert Kickl mit seinem Ausspruch, wonach das „Recht der Politik zu folgen hat", verbal zugespitzt – und damit Empörung ausgelöst.

Die Empörung war allerdings etwas reflexartig. Denn grundsätzlich ist der Satz nur eine allgemeine Feststellung, die auch in jedem Politikwissenschaftsseminar so getätigt werden könnte. Jede Regierung gießt ihre Vorstellungen, wie das Zusammenleben geregelt werden soll (also ihre Politik), in Gesetzesvorlagen, die von den Parteien im Nationalrat dann auch beschlossen werden (und somit zu Recht werden). Insofern folgt also, jedenfalls im zeitlichen Sinne, immer das Recht der Politik.

Bemerkenswerterweise hat die einzige Kandidatin dieser Bundespräsidentenwahl 2016, die von den Neos unterstützte ehemalige OGH-Präsidentin Irmgard Griss, später einen Satz gesagt, der ebensolche Empörung hätte hervorrufen können. Der Europäische Gerichtshofs entschied, dass afghanischen Frauen unabhängig von ihrer konkreten Bedrohung Asyl zuzuerkennen ist. Griss kritisierte das und pochte darauf, dass die Richter auf „die Einstellung in der Bevölkerung eingehen" hätten müssen. Andernfalls werde das „Vertrauen in die Rechtsprechung und das Ansehen der Gerichte beschädigt". Bei einem Politiker der extremen Rechten würde das ein wenig nach „gesundem Volksempfinden" klingen, dem sich die Gerichte zu fügen hätten. Klar ist natürlich, die Rechtsprechung kann sich eben gerade nicht an der „Einstellung in der Bevölkerung" orientieren. Sie darf ausschließlich den Gesetzen folgen. Insofern gilt eben doch auch der umgekehrte Gedanke: Die Politik hat dem Recht zu folgen.

Dem Streit liegt ein – vielleicht absichtlich herbeigeführtes – Missverständnis in der Unterscheidung zwischen Rechtsetzung und Rechtsprechung zugrunde. Und noch etwas Zweites: die Klage über einen immer geringer werdenden Gestaltungspielraum der Politik. Im Laufe der Zweiten Republik sind viele wichtige Regelungen derart abgesichert worden, dass sie so gut wie nicht zu ändern sind. Bestes Beispiel für das vorhersehbare Scheitern von Reformen ist der in manchen Bereichen nicht als Freiheit, sondern als Hemmnis empfundene Föderalismus.

In den Analysen heißt es oft, die Menschen hätten genug vom „Weiter wie bisher". Wie aber die Veränderungen genau aussehen sollen, ist dann schwierig zu erkunden. Vielfach bleibt es beim „Es muss sich etwas ändern!", was als Grund dafür angeführt wird, dass sich viele einer Protestpartei anschließen. Derer hat es in der Zweiten Republik von „Team Stronach" bis „MFG" einige gegeben, die kamen und wieder verschwanden.

Und doch ist es paradox. Gerade jene Regierung, deren Auftrag und Arbeit es war, nichts Wesentliches zu verändern, war bei den Wählerinnen und Wählern besonders beliebt: die sogenannte „Expertenregierung" unter Österreichs erster Bundeskanzlerin Brigitte Bierlein. Diese Widersprüchlichkeit von Wollen und Wählen bleibt ein Stück weit rätselhaft. Denn im Zuge der Nationalratswahl 2024 wählten die Menschen dann doch viel Veränderung, jedenfalls was die Zusammensetzung des Parlaments betrifft. Die FPÖ wurde erstmals stärkste Fraktion. Es war der oben angesprochene „Aufprall" von SPÖ und ÖVP.

Die letzten Protagonisten einer aus diesen beiden Parteien zusammengesetzten Regierung, Christian Kern und Reinhold Mitterlehner, verfolgten den Aufprall gemeinsam beim „Public Viewing" im Wiener Ringstraßen-Café Landtmann. Sie saßen für die Kameras der anwesenden Medien gut sichtbar an einem kleinen Tisch und gaben beim Verfolgen der Wahlsendung ein ähnliches Bild ab wie unsere beiden Herren auf dem Foto am Abend der Wahl 2016. Über die acht dazwischen liegenden Jahre schließt sich der Bogen von Aufstieg und Fall der beiden staatsgründenden Parteien.

Unter Masken

AM 25. MÄRZ 2020 hatte ich nicht nur meine Laptop-Tasche um die Schulter, als ich das ORF-Zentrum betrat. Zusätzlich zog ich zwei große Koffer hinter mir her, mit Wäsche und Toilettensachen, mit legerem Gewand, wie ich es im Büro sonst nicht trage, und mit vielen Büchern. Aber auch noch nie zuvor betrat ich es in der Absicht, durchgehend drei Wochen dort zu bleiben. Wir gingen, wie man das damals nannte, in „Isolation". Vor dem Einzug wurde jeder getestet – und musste 24 Stunden darauf warten, den Status „negativ" zu erhalten.

Ein wenig fühlte es sich nach Pfadfinderlager an. Feldbetten wurden in verwaisten Büros aufgeschlagen, Garderoben wurden zu Schlafzimmern, nur die Radfahrer-Dusche blieb im Wesentlichen, wie sie war. Sie wurde unser Badezimmer. Techniker, Administrativkräfte und journalistische Mitarbeiter zogen ein. Weder zuvor noch danach stand ich mit dem verantwortlichen Redakteur für die jeweilige Sendung (dem Chef vom Dienst, wie diese Position genannt wird) in der Früh vor dem Spiegel und besprach beim Zähneputzen die möglichen Themen der Abendsendung.

Nie zuvor in der Zweiten Republik wurden die gesellschaftlichen Fundamente von Glauben und Vertrauen so erschüttert wie in diesen frühen 20er-Jahren des 21. Jahrhunderts.

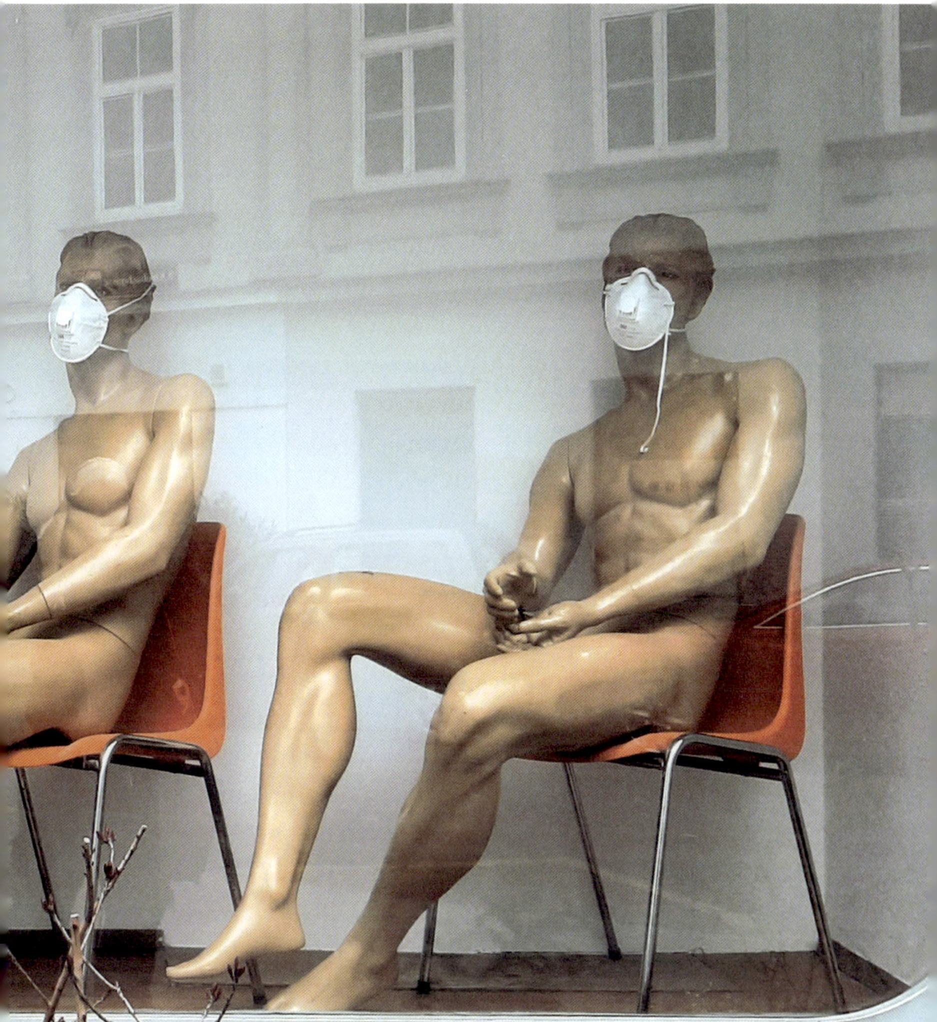

Persönlicher Kontakt zu den wenigen anderen Mitarbeitern im Haus, die nicht in die neue Form des Corona-Home-Office geschickt wurden, war verboten – und schon deshalb kaum möglich, weil unser neuer Lebensbereich für die nächsten Wochen tatsächlich vom Rest des Hauses „isoliert" war. Diese Vorgangsweise galt als einzige Möglichkeit, den Sendebetrieb, der nun wichtiger denn je erschien, aufrechtzuerhalten. Dabei waren die Vorboten für diesen Sturm, der bis zu Beginn des Jahres 2022 dauern sollte, so gering.

In einer spätnachmittäglichen Redaktionssitzung im Jänner 2020 berieten wir noch einmal über die Themen der Hauptnachrichtensendung, der „Zeit im Bild". Zu diesem Zeitpunkt ändert sich oft nicht mehr allzu viel. Die Welt dreht sich zwar weiter, aber es gibt nicht mehr die großen Ereignisse, die zum Umgestalten der Abendnachrichten Anlass geben würden. So war das auch an diesem Tag. Doch kurz vor Ende der Besprechung thematisierte jemand, dass es in Italien zwei Corona-Verdachtsfälle gab. Wir wollen keinen Alarmismus oder gar Angst schüren, waren wir uns einig. Es ist eben nur ein Verdacht, und im Übrigen sind die Betroffenen „in gutem gesundheitlichem Zustand", wie es hieß. Aus China kannten wir schon anderes. Wir einigten uns daher rasch auf eine kleine Meldung. Immerhin, Italien ist ein Nachbarland.

Weniger als vier Wochen später berichtete unser Reporter aus Tirol über zwei Verdachtsfälle im Grand Hotel Innsbruck, das daher mittlerweile gesperrt war. Niemand dürfe hinein und heraus. Im Hintergrund sah man Polizeiwachebeamte vor dem Hoteleingang stehen. Doch als wäre es arrangiert, kam gerade in dem Augenblick, als mein Tiroler Kollege in unserer Sendung live von der Sperre des Hauses berichtete, ein Mann mit seinem Scooter aus der Drehtüre und verließ ohne Aufhebens die Szenerie.

Es war eine der ersten Kuriositäten und Absurditäten, die die Corona-Pandemie noch mit sich bringen sollte. Vom oben erwähnten Après-Ski-Lokal „Kitzloch" im nahe gelegenen Ischgl, das sich später als Virenschleuder herausstellte, war noch gar nichts bekannt.

Erstmals war ich nicht nur Berichterstatter eines großen Ereignisses, sondern – wie alle Menschen im Land – Betroffener. Natürlich betrifft die eine oder andere Gesetzesänderung immer wieder auch jene Menschen, die darüber berichten, also auch mich. Aber zumeist bewegen sich die großen Ereignisse von weltpolitischer Bedeutung abseits meines persönlichen Lebensalltags – oder zumindest mache ich mir nicht so viel draus.

Selbst als Reporter bei Einsätzen in Krisen- und Katastrophengebieten im In- und Ausland hatte ich bis dahin immer den Eindruck, Beobachter zu sein, der in den unheilvollen Lauf der Dinge nie involviert werden könnte. Vielleicht war das auch schon bisher falsch gewesen, aber jetzt war es jedenfalls anders. Und das merkte ich auch.

Es war wohl bei allen publizistisch tätigen Menschen so, dass sie nicht mehr nur beobachteten und darüber berichteten, sei es journalistisch oder wissenschaftlich. Alle waren Beteiligte, und das könnte schon ein Stück weit die Antwort auf die Frage sein, warum die öffentliche Kommunikation zu diesem Thema so ganz anders verlief als bei anderen großen Themen in der Geschichte des Landes zuvor.

Zu Beginn herrschte das, was man als Angstlust bezeichnen könnte. Die Lust an der Apokalypse, von der man ja doch mit großer Sicherheit weiß, dass sie zu Lebzeiten nicht eintreten wird.

Ich plante gerade die Präsentation eines für mich besonders wichtigen Buches, in dem es um die Zeit von 1938 bis 1945 geht und die ich anhand des Lebens meines Vaters beschreibe. Es heißt „Berlin – Linz", im Untertitel, „Wie mein Vater sein Glück verbrauchte". Die Buchpremiere war im Haus der Geschichte Österreichs geplant. Aufgrund der bald erlassenen Einschränkungen für Veranstaltungen auf einhundert Personen war ich gezwungen, die Hälfte der Gäste wieder auszuladen. Ich vermutete allerdings, dass die Betreffenden kaum glauben werden, sich tatsächlich als Hunderterster oder als noch später Gereihter angemeldet zu haben. Wen sollte ich also vor den Kopf stoßen? Die gänzliche Schließung der Museen, sie waren noch vor den Schulen und Geschäften dran, war mir wenig Trost – auch wenn ich diese Auswahl der Doch-noch-Geladenen nicht mehr durchführen musste. Ich hatte den Eindruck, das im Untertitel des Buches erwähnte „verbrauchte Glück“ reichte in seinem Mangel bis in die Gegenwart.

Statt der Präsentation des Buches vor 200 Leuten stand ich im Studio – vor drei Millionen Menschen. Die Möglichkeit, dass es in Österreich erstmals seit 1945 Ausgangsbeschränkungen, geschlossene Geschäfte und Schulen, geschlossene Unternehmen und Parks, geschlossene Arztpraxen und Museen geben könnte, stieß auf enormes Zuschauerinteresse. Wir sendeten die „Zeit im Bild“ auf allen zur Verfügung stehenden Kanälen. Sie brachte die höchste Einschaltquote, seit es – wie es bei den Temperaturwerten so schön heißt – Aufzeichnungen gibt.

ES IST NICHT ÜBERRASCHEND, dass immer dann, wenn sich etwas Wichtiges ereignet, der ORF für viele die erste Wahl als Nachrichtenmedium ist. Das Vertrauen der österreichischen Bevölkerung in den öffentlich-rechtlichen Rundfunk war bis dahin außerordentlich hoch. Doch plötzlich hatte er mit dem Verlust von Imagewerten zu kämpfen – und das Publikum mit einer neuen Art der Berichterstattung.

Noch nie zuvor war das Publikum einer so umfangreichen Information über jeden Schritt der Bundesregierung ausgesetzt. Noch nie hatte eine Regierung so viel kommuniziert. Und noch nie waren so viele Menschen gezwungenermaßen zu Hause und hatten Zeit und – teils existenzielles – Interesse an den nächsten Schritten. Wir übertrugen jedes Statement, vom Bundeskanzler bis zu den Ministern, von Medizinerinnen und Komplexitätsforschern bis zu Pädagoginnen und Militärs. Den ganzen Tag über waren in unseren Programmen Pressekonferenzen und Reportagen zu sehen – mit einem einzigen Thema: Corona. Ob es um Nudeln oder Häuslpapier, um Homeoffice und Kurzarbeitsregelungen, um Masken oder Medizin ging – alles war eingebettet in denselben Kontext: Corona.

Viel zu kommunizieren gilt gemeinhin als Erfolgsfaktor, wenn es darum geht, Akzeptanz für das eigene Handeln zu schaffen. Doch obwohl die Information so umfangreich war, war sie von Beginn an von Unbehagen begleitet. Denn gleichzeitig zu diesem Übermaß an Information waren Nachfragen und Kritik so wenig gewünscht wie kaum zuvor – und auch vielfach technisch nicht möglich. Austausch mit Behörden und wissenschaftlichem Fachpersonal war mangels persönlicher Begegnung schwieriger denn je. Außerdem waren in allen Medien Redakteurinnen und Redakteure, die sonst mit Politik, Wirtschaft oder Chronik zu tun hatten, plötzlich mit Wissenschaft im Allgemeinen und Medizin im Besonderen befasst. Schließlich mussten auch Gesetze und Verordnungen aller Art, die jetzt gefühlt im Stundentakt beschlossen und erlassen wurden, auf ihre Sachlichkeit und damit auf die dahinter liegenden aktuellen wissenschaftlichen Erkenntnisse abgeklopft werden.

Nun verhält es sich mit der Wissenschaft so, dass sie immer nur potenzielle Wahrheiten produziert. Es gilt das Bewiesene, bis jemand etwas anderes beweist. Für die öffentliche Debatte in Zeiten von Hyper-Kommunikation ist das keine einfache Voraussetzung. Dem Publikum wurden Aussagen von führenden Wissenschaftern vermittelt, die sich zuweilen schon zum Zeitpunkt der Publikation widersprachen. Manche Aussagen veränderten sich im Laufe der Pandemie zudem ganz grundlegend.

Bei vielen Menschen schwand daher das Vertrauen in die Wissenschaft, von der sie sich haltbare und unveränderbare Aussagen erwarteten. In weiterer Folge sank die Glaubwürdigkeit der Überbringer von wissenschaftlichen Botschaften, jene der Medien.

Bisher galt, dass die Richtigkeit einer Nachricht umso wahrscheinlicher ist, je mehr Medien den gleichen Inhalt transportieren. Das drehte sich während der Pandemie bei vielen Rezipienten um. Gerade in der Ähnlichkeit des Vermittelten vermuteten sie eine verschwörerische Absprache zu ihrem Nachteil.

So wie die Vermittler der Informationen machte in diesen Monaten auch das Publikum einen Crash-Kurs in Sachen Medizin. In meinem E-Mail-Posteingang wimmelte es nur so von Nachrichten, in denen sich Menschen bis ins kleineste Detail und in eigenen Theorien mit Inzidenzen und Evidenzen auseinandersetzten, mit allen Arten von Impfstoffen und Infektionsübertragungen.

Unsere Erkenntnis von Wirklichkeit wurde dabei ganz fundamental auf die Probe gestellt. „Was kann ich glauben?" war die Frage, die viele aufgeworfen und manche sehr einfach für sich beantwortet haben.

Menschen mit bisher gesunder Skepsis waren plötzlich tief von einem speziellen Lösungsweg überzeugt, den sie missionarisch vor sich hertrugen. Personen, die sonst schnell jemandem hinterherliefen, der einfache Lösungen präsentiert, wurden zu Skeptikern, die alles infrage stellten. Nie zuvor in der Zweiten Republik wurden die gesellschaftlichen Fundamente von Glauben und Vertrauen so erschüttert wie in diesen frühen 20er-Jahren des 21. Jahrhunderts.

Selbst die Wirksamkeit der Masken war umstritten. Auch wenn sie der Gesetzgeber den Menschen zu tragen verordnete, einige seiner Mitglieder – also die Abgeordneten – machten für sich eine Ausnahme. Es überrascht nicht, dass sich jene, die für das 2018 in Österreich in Kraft getretene Verhüllungsverbot eintraten, mit der zwei Jahre später verfügten allgemeinen Verhüllungspflicht besonders schwertaten.

Die verhüllten Schaufensterpuppen auf unserem Eingangsbild illustrieren so manch absurde Abschweifungen der Debatte um Hygiene und Ansteckungsgefahr. Natürlich hatten die Kaufhäuser ihre Puppen nicht unter die Masken zu stecken. Aber es wäre in manchem Moment nicht abwegig gewesen, dass es jemand vorschlägt, um durch diese Vorbildwirkung nur ja keine Nachlässigkeit in der Bevölkerung einreißen zu lassen. Zuweilen steigerte sich der Eifer – auch der mancher Medien –, in der Öffentlichkeit stehende Personen, die ohne Maske erwischt wurden, geradezu denunziatorisch zu verfolgen.

Bei der Impfpflicht gegen Covid-19 hat die Regierung das Ruder noch herumgerissen, bevor die gesetzliche Regelung hätte exekutiert werden müssen. Der Grad ihrer Befolgung ist auffallendstes Charakteristikum dafür, wie die Bereitschaft, sich an einer solidarischen Maßnahme zu beteiligen, binnen 50 Jahren abgenommen hat.

In den 60er- und 70er-Jahren des 20. Jahrhunderts war die Pflicht, sich impfen zu lassen, weitgehend akzeptiert. Viele Menschen kannten die Gefahren von Infektionskrankheiten noch aus eigener Erfahrung. Gegen die verpflichtende Tuberkulose- und Pockenimpfung gab es in Österreich kaum Widerstand. Diese Maßnahmen hatten Erfolg. Auch jenes Impfprogramm, das nicht verpflichtend war, aber nachdrücklich durch Aktionen an Schulen und in Gemeinden durchgesetzt wurde, stieß auf Akzeptanz.

Die Verfassung der Republik verpflichtet den Staat nicht, Erkrankungen zu verhindern und Todesrisiken zu minimieren. Die Grund- und Freiheitsrechte, die jede und jeden auch ein höchst ungesundes Leben führen lassen, wiegen stärker. Und doch ist die Idee unseres Sozialstaats darauf aufgebaut, dass Solidarität ein wichtiger Pfeiler sozialer Sicherung und Gesundheit im Land ist. Sie war während der Pandemie schwerer denn je zu vermitteln.

Zwei Jahre nach Ende der Pandemie, im Jahr 2024, konstatierten Mediziner große Lücken bei Impfungen anderer Art. Keuchhusten und Masern tauchten wieder in hohen Fallzahlen auf und damit Krankheiten, die aufgrund der Angebote zur Immunisierung als längst gut eingedämmt galten.

Diese Entwicklung ist Folge eines über die Zeit der Zweiten Republik kontinuierlich abnehmenden Vertrauens in Institutionen. Es hat sich bei einem größer werdenden Teil der Gesellschaft in eine tiefsitzende Skepsis verwandelt, die Kirchen, Gewerkschaften, Parteien und staatlichen Einrichtungen entgegenschlägt. Lange wurde das soziologische Mantra vermittelt, die Österreicher hätten seit der Monarchie ihre Untertanenmentalität nie abgelegt. Mit dem eingetretenen Vertrauensverlust wäre das nun geschehen. Die Untertanenmentalität hat einer stets beförderten Skepsis vor Autorität Platz gemacht. Andererseits ist es eine irrationale Zurückweisung wissenschaftlicher Erkenntnis. Das lässt die aufgeklärte Gesellschaft gekränkt zurück. Und sogar die Kirche. Deren damals oberster Vertreter in Österreich, Kardinal Schönborn, hat sich in Pandemiezeiten zum Ausspruch „Lieber Gott, lass Hirn regnen" hinreißen lassen.

Die Pandemie hat die Welt verbunden und doch die Gesellschaften gespalten – auch in Österreich. Dass Menschen, die zwar die wissenschaftlich erforschten und in der EU zugelassenen Impfpräparate ablehnten, aber auf das russische Präparat „Sputnik" setzten, war nur eine absurde Pointe mehr. Und dass dieses Liebäugeln mit der Kreml-Diktatur gleich politisch aufgegriffen wurde, führt uns zu einem bisher letzten großen Abschnitt in der Geschichte der Zweiten Republik, dem ambivalenten Verhältnis zu Russland.

Fließrichtung der Energie

AN KAUM EINER ANDEREN Stelle in Österreich ist das ambivalente Verhältnis zu Russland 70 Jahre nach dem Abzug der Befreier und Besatzer – damit fängt die Ambivalenz schon an – derzeit besser abgebildet als am Wiener Schwarzenbergplatz. Unsere Tochter, deren Schulweg früher täglich an diesem Platz vorbeiführte, hinaus auf den Rennweg, wo Clemens Wenzel Fürst Metternich zufolge bereits der Balkan beginnt, erzählte eines Tages von der auffälligen neuen Bemalung des großen Springbrunnens, die sie aus dem Straßenbahnfenster zu sehen bekam.

Mit dem Springbrunnen hat die Bemalung, die wir auf dem Bild am unteren Rand der Säulen gut sehen können, natürlich nichts zu tun, erzählte ich ihr – und doch ist es vielleicht nicht ganz falsch. Denn es war ein Fürst Schwarzenberg – jener, der 1872 lebte –, der der Errichtung des Brunnens zustimmte. Gewiss auch keine unpolitische Entscheidung, wenngleich von anderer Aussagekraft als jene aus dem März 2022. Da ließ die Familie Schwarzenberg aus Solidarität mit der Ukraine die in ihrem Besitz stehende Mauer hinter dem Brunnen in den Nationalfarben des überfallenen Landes, Gelb und Blau, anstreichen.

Die mit der Bemalung zum Ausdruck gebrachte Frontstellung gegen die aktuelle russische Politik ist vorläufiger Schlusspunkt einer sehr ambivalenten Beziehung zwischen Österreich und Russland.

Diese langgezogene Flagge der Ukraine umspannt seither nicht nur den Brunnen, sondern zugleich auch das große Russendenkmal, das sich seit dem Jahr 1945 ebenfalls an dieser Stelle befindet. Rein ästhetisch annektierte es den Brunnen, der nun wie eine weitere Huldigung des siegreichen Soldaten wirkt. Umso mehr ist die wenige Tage nach dem russischen Überfall auf die Ukraine angebrachte Solidaritätskundgebung ein deutlich sichtbarer Affront, über den kein Tourist und keine Passantin hinwegsehen können. Die von den Russen hinterlassene Erinnerung an den Kampf gegen den Nationalsozialismus ist nun mit deren Überfall auf die Ukraine verbunden. Die hier zum Ausdruck gebrachte Frontstellung gegen die aktuelle russische Politik der gewaltsamen Expansion ist vorläufiger Schlusspunkt einer sehr ambivalenten Beziehung zwischen Österreich und Russland.

Diese Beziehung beginnt bereits mit der Befreiung von der Nazi-Diktatur. Die sowjetischen Truppen beendeten die Schreckensherrschaft und den Terror. Die Befreier begleitete aber das, was von der jahrelangen Nazi-Propaganda verfangen hat, als letzter Ausläufer: Diese Propaganda verunglimpfte nicht etwa die von den Kommunisten vertretene Ideologie oder die im „real existierenden Sozialismus" unterdrückte Freiheit und Demokratie (das taten auch die Nazis), sondern war vielmehr mit rassistischen Aspekten verbunden. Die slawischen Völker wurden als Untermenschen betrachtet, denen nicht dieselben Rechte zustünden.

Aber diese Haltung verflüchtigte sich mit der Zeit aus zwei Gründen: Übergriffe durch Besatzungssoldaten, vor allem die Vergewaltigung von Frauen, wurden lange tabuisiert. Ihre wissenschaftliche Aufarbeitung erfolgte auf breiterer Basis erst, als viele Betroffene nicht mehr am Leben waren. Zum anderen gab es einen pragmatisch-politischen Zugang. Österreich wollte mittelfristig den Abschluss eines Staatsvertrags erreichen, um wieder die Souveränität über das Land zu erlangen. Und so hatten zu Beginn der Zweiten Republik sogar die Demokraten eine Schwäche für den Kommunismus. Der Pragmatismus ging so weit, dass sich im sowjetisch besetzten Niederösterreich zuweilen jemand aus dem Kreis der Gemeindebürger als Kommunist ausgab, um als Bürgermeister in dieser Übergangsphase die Geschäfte führen zu können.

Selbst Julius Raab – wir sind ihm beim „Warten auf den Staatsvertrag“ bereits begegnet – sagte einst: „Ich habe immer betont (…), dass ich die Berufung Dr. Renners durch die Russen für eine Schicksalsfügung des Himmels halte.“ Der sowjetische Diktator Stalin soll – vielleicht nur der Legende zufolge – nach Renner „gefahndet“ haben, damit er nach 1918 erneut in die Rolle des Republiksgründers schlüpfte. In Raabs Aussage stößt christlich-soziale Religiosität mit dem politischen Pragmatismus zu-sammen, auch eine atheistisch-sozialistische Politik als Weg zu einem freien Land zuzulassen.

Bei den ersten Wahlen nach dem Ende der nationalsozialistischen Herrschaft im November 1945 kam das deutlich zum Ausdruck. In der ÖVP hoffte man, dass die in der Bevölkerung ungeliebte KPÖ wenigstens ein Grundmandat erreichen würde, damit die Russen die Wahl anerkannten. Immerhin brachten es die österreichischen Kommunisten dann auf knapp über fünf Prozent der Stimmen und zogen ins Parlament ein. Man arrangierte sich damit, dass jene, die aufgrund ihres Abhängigkeitsverhältnisses zu den Sowjets als „Fünfte Besatzungsmacht“ empfunden wurden, also die österreichischen Kommunisten, vorerst mit im Spiel waren.

ÖSTERREICH WAR RUSSLAND immer etwas näher als andere europäische Staaten. Die Verflechtung erfolgte über Energielieferungen. Es mag aus gegenwärtiger Sicht überraschen, dass anfangs die Energie von West nach Ost floss, also von Österreich nach Russland. Aber Österreich war zu Beginn der Zweiten Republik immerhin zweitgrößter Erdölproduzent Europas. Die

Lieferungen waren – so wie die Neutralität – der Preis für die Zustimmung Russlands zum Staatsvertrag.

Aber schon bald änderte sich die Fließrichtung der Energie. Ausgerechnet im Jahr 1968, im Jahr des Prager Frühlings, schließt Österreich als erstes westliches Land einen Gasvertrag mit Russland ab und errichtet die bis heute bestehende Gasverteiler-Station in Baumgarten in Niederösterreich. Gleich zu Beginn zeigt sich damit das daraus resultierende diplomatische Dilemma: Man ist Russland durch den Bezug von Energie eng verbunden, positioniert sich aber in Bezug auf die Niederschlagung der Demokratiebestrebungen im sozialistischen Bruderland der Sowjetunion, in der Tschechoslowakei, auf der Seite des Westens. Das drückte sich 1968 auch ganz offensichtlich durch die oben erwähnte Aufnahme von Flüchtlingen aus. Dieses Dilemma zwischen wirtschaftlicher Verbundenheit und politischer Distanz begleitet Österreich durch die Jahrzehnte.

Ganz ähnlich gelagert war die Situation im Jahr 2014. Russland annektierte gerade völkerrechtswidrig die ukrainische Halbinsel Krim, als Österreich mit Russland einen Vertrag zum Bau einer neuen Pipeline unterzeichnete. Präsident Putin reiste dafür extra nach Wien. Sein kurzer öffentlicher Wortwechsel mit dem damaligen Präsidenten der Wirtschaftskammer, Christoph Leitl, zeigt zugespitzt und symbolhaft die Ambivalenz des österreichisch-russischen Verhältnisses. Leitl wies in seiner Rede nicht nur darauf hin, dass die gerade von Russland territorial beschnittene Ukraine in Teilen auch einmal österreichisch war. Putin vermutete schon, Leitl erhebe jetzt auch Gebietsansprüche. Dieser strich aber vielmehr hervor, schon in dritter Periode Präsident der Wirtschaftskammer zu sein. Unter dem Gelächter der Anwesenden kommentierte Putin das als „Diktatur" und fügte scherzhaft an, „aber gute Diktatur". Die Pipeline-Pläne scheiterten übrigens kurz darauf, da es in Europa und darüber hinaus immer mehr Vorbehalte und politische Ablehnung einer solchen Abhängigkeit von russischer Energie gab.

Österreich nahm 2018 dennoch einen weiteren Anlauf und vereinbarte mit Russland Gaslieferungen bis 2040. Ehe diese aber nach dem neuerlichen Überfall Russlands auf die Ukraine 2022 infrage gestellt wurden und mit Ablauf des Jahres 2024 weitgehend zu Ende gingen, zog die Geschichte noch eine groteske Schleife. Österreichs damalige Außenministerin Karin Kneissl lud Putin zu ihrer Hochzeit in Gamlitz in der Steiermark ein. Ihr Knicks vor dem russischen Diktator wurde der Spitzendiplomatin nicht als Etikette der Höflichkeit, sondern als Kniefall ausgelegt. Für sie persönlich war das kein Nachteil. Als sie in Österreich mit immer mehr Kritik konfrontiert wurde, wie sie das ausdrückte, „der Hexerei bezichtigt" wurde, fand sie Aufnahme in Russland: „Das Russland von heute ist wie das Österreich meiner Kindheit. In Russland verspüre ich einen Grad von Freiheit, den ich schon lange nicht verspürt habe", streut Kneissl ihrer neuen Heimat Rosen. Andere spüren hier eine an Adorno angelehnte dialektische Verdrehung, wonach sinngemäß jener frei ist, der keine Anforderungen an die Freiheit stellt. So gesehen – und nur so gesehen – war auch mein in der russischen Einflusssphäre damals lebender Onkel Vláda beim Besuch des Senders am Lichtenberg bei Linz ein gänzlich freier Mann.

Tunwort Demokratie

KINDER KÖNNEN SICH keine Regeln geben, dachte ich als Kind. Es beruhe auf der Vernunft der Erwachsenen, dass andere mir nicht ständig meine Spielsachen wegnehmen, mein Lego-Haus zertrümmern oder mich gar schlagen. Ich brachte, ohne zu wissen, was die beiden Begriffe genau bedeuten, Alter und Weisheit miteinander in Verbindung. Das eine, dachte ich, bringe das andere hervor, und umgekehrt. Aber das stimmt nicht.

Kinder können sich für gewisse Situationen tatsächlich selbst Regeln geben. Diese sind unvollkommen, werden manchmal willkürlich verändert und zuweilen ignoriert. Aber in dieser Hinsicht unterscheiden sie sich in keiner Weise von den Regeln der Erwachsenen. Das Alter bringt keine Weisheit. Das erkennt man bereits im Zuge erster politischer Überlegungen, die man an das Schulwissen von Tausenden Kriegen und noch mehr Gewalt anknüpft. Das Alter bringt etwas anderes, und das ist auch nicht so schlecht: Es bringt einen besseren Überblick über Zeitspannen. Eine banale Erkenntnis daraus: Menschen überdauern keine allzu lange Zeitspanne. Wer sich 40 Jahre lang in die eigenen Angelegenheiten einmischt, wie Max Frisch Politik umreißt, ist schon ziemlich lange in irgendeiner Form politisch aktiv. Eine zweite Erkenntnis, weniger banal: Einige Institutionen, die die Zweite Republik hervorgebracht hat, behaupten sich schon viel länger. Ihre Existenz ist ein größerer Stabilitätsfaktor für das friedliche und gerechte Zusammenleben in der Gesellschaft als das Engagement einzelner Personen – gerade deshalb, weil sie uns beschränken.

Das klingt widersprüchlich. Es ist aber eine Erkenntnis aus der Extremerfahrung des Nationalsozialismus. Der Souverän, die Wählerinnen und Wähler, hat eben nicht immer recht. Es gilt, auch Minderheiten oder die Würde eines einzelnen Individuums zu schützen – zum Beispiel gegen eine Mehrheit, die ein Gerichtsurteil für falsch hält. Diesen Schutz gewähren bewährte Institutionen aus Rechtsstaat, Medien oder Gesellschaft. Trotzdem – oder gerade deswegen – gelten sie vielen zunehmend als Hemmnis. Darin liegt der Kern der gegenwärtigen Zeitenwende.

Die stabilisierende Funktion von Institutionen verbinden viele mit lästigen Einschränkungen, obwohl diese Einrichtungen durch die freiwillige Abgabe von Freiheit etabliert wurden. Und das zum Zweck der größeren Freiheit! Klingt ebenso widersprüchlich, aber lässt sich auflösen.

Es gibt Freiheit „von" etwas und Freiheit „durch" etwas. Die Freiheit „vom Staat" bedeutet, von diesem weitgehend in Ruhe gelassen zu werden. Das kommt jenen, die wir in West und Ost heute wieder „Oligarchen" nennen, nicht ungelegen. Wer sich selbst helfen kann, ist auf die Institutionen des Staats nicht angewiesen. Es gewinnt der Schnellste oder der Stärkste, der Brutalste oder der Lauteste, der Frechste oder der Reichste. Das ist eine Form von Freiheit.

Aber es gibt auch eine Freiheit „durch den Staat". Seine Spielregeln, seine Institutionen, seine demokratischen Partizipationsmöglichkeiten, alles, was von einer immer größer werdenden Gruppe als schwerfällig denunziert wird, schafft ebenso Freiheit. Es ist eine Freiheit, die durch Regulative und Normen, die Institutionen aufstellen und durchsetzen, befördert wird. Das ist eine andere Art der Freiheit. Sie schafft Gestaltungsmöglichkeiten für eine viel größere Gruppe von Menschen. Es ist jene Freiheit, die die ersten acht Jahrzehnte der Zweiten Republik geprägt hat.

Die Zweite Republik schließt nur dem Namen nach an die Erste an. Zeitlich schließt sie an den Terror und die Trümmer an, wie wir ihnen eingangs begegnet sind. Dass Österreich nach 1945 von diesem Punkt ausgehend zu einer Demokratie westlichen Zuschnitts geworden ist, scheint uns im Nachhinein eine vollkommen klare Entwicklung zu sein – so wie ich das auch als Kind empfand. Aber tatsächlich wurde sie erkämpft. Militärisch von den westlichen Alliierten. Ideell aber von den demokratischen Kräften, die in Österreich während der sieben Jahre Nationalsozialismus überdauert haben. „Demokratie ist ein Tun-Wort, das sich als Gegenstands-Wort tarnt", schreibt der Historiker Timothy Snyder.

Wenn es nicht verteidigt wird, muss das politische System Österreichs nicht zwangsläufig eine liberale, rechtsstaatliche Demokratie bleiben. Das Paradoxe dabei ist, dass es auch gegen jene Kräfte verteidigt werden muss, die in einer Demokratie zugelassen sind. Denn: Jemanden wählen zu können, ist noch lang kein Hinweis auf Demokratie. Vielmehr ist es etwas damit Verbundenes: Jemanden abwählen zu können. Erst die Möglichkeit des friedlichen Machtwechsels, die Ablöse des politischen Gegners durch einen anderen, weil man mit den handelnden Personen nicht einverstanden ist, erst das ist Demokratie. Damit die Menschen aber überhaupt eine kritische Haltung gegenüber den Regierenden einnehmen können, damit es also allenfalls zu einer Ab-Wahl kommt, braucht es Aufklärung und Information über das, was passiert. Es braucht eine qualifizierte Öffentlichkeit, es braucht Fakten.

Die Wahrheit ist das Zentrum der Demokratie. Die Lüge ist der Feind der Freiheit. Auf die Lüge gründet sich Faschismus. Demokratie setzt informierte und mündige Bürger voraus.

Wahrheit und Lüge zu unterscheiden, ist heute so schwierig und gleichzeitig so einfach, wie es schon immer in der Geschichte der Fall war. Jede Generation glaubt, die Mechanismen durchschaut zu haben, bis eine neue Technologie der Lügenvermittlung kommt. Wir sind gegenwärtig intensiv damit konfrontiert. Einer der wichtigsten Hebel bei der Verteidigung der Demokratie wird die Zähmung von Lügenschleudern wie Social Media sein. Das ist schon für Europa schwierig. Österreich allein kann das nicht schaffen.

Russland destabilisiert westliche Demokratien gezielt via Social Media. Es verbreitet in hohem Maße Falschinformationen – professionell gemacht und staatlich organisiert. Im Westen deuten die Digital-Oligarchen diese Vorgehensweise als „Verteidigung der freien Rede" um. Diese Männer sind die neue Gefahr für die westliche Demokratie, weil wir sie als die Unseren betrachten. Wir sollten uns nicht mit ihnen verbünden. Die Freiheit hat sie reich gemacht, jetzt greifen sie diese Freiheit an. Wenn die ökonomische Situiertheit in Relation zu politischen Mitwirkungsrechten steht, ist man ans Zensuswahlrecht vorrepublikanischer Zeiten erinnert. Damals wurde die politische Mitbestimmung an Reichtum geknüpft. Die „Tech-Bros" in den USA tun das heute weit über die Grenzen ihres Landes hinaus. Mit Milliarden an Dollars und der technischen Möglichkeit, in vitale Lebensfunktionen eines Staates per Knopfdruck eingreifen zu können, kommt ihnen Macht zu, die demokratisch nicht legitimiert ist. Nur erkennen wir das nicht so leicht, wie einst die unübersehbaren, aber einfach durchschaubaren Diktaturen an unseren Landesgrenzen.

Als ich in den 1970er-Jahren in der Schule erstmals realisierte, „im Westen" aufzuwachsen, schien es mir als das Selbstverständlichste der Welt. Andere Lebensmodelle betrachtete ich als Irrtum. An den Nachteilen der Diktatur, wie sie vor unserer Haustür und in unserer Familie hinter dem Eisernen Vorhang zu beobachten war, zweifelte ich nicht eine Sekunde.

Die Überlegenheit unseres „Systems“ machte ich nicht zuletzt daran fest, dass ich keine der Spielsachen meiner entfernten Cousins und Cousinen haben wollte. Umgekehrt wollten sie aber alles, was ich in meinem Kinderzimmer hatte. Die liberale Demokratie (eine Wortkombination, die mir zu dieser Zeit noch völlig fremd war) erspürte ich gleichsam als das „Ende der Geschichte“ – etwas Besseres könne nicht mehr kommen. Bei allen Defiziten, die unsere Demokratie westlichen Zuschnitts hat, sehe ich das immer noch so. Dass wir nun allerdings das Adjektiv „liberal“ vor das Wort „Demokratie“ setzen, zeigt, dass etwas Schlechteres gekommen ist.

Die „gelenkte Demokratie“ russischen Zuschnitts (die mittlerweile eine lupenreine Diktatur ist) und die „illiberale Demokratie“ ungarischen Zuschnitts (die mittlerweile eine Autokratie ist) kommen nicht an unsere Art des Zusammenlebens heran, an die Art, Konflikte zu lösen und Kompromisse zu schließen. Abgesehen davon sind diese Wortkombinationen Widersprüche in sich, die wir tunlichst vermeiden sollten.

DEMOKRATIE FUNKTIONIERT, wenn die Menschen den Eindruck haben, etwas bewirken zu können. Kann etwas gelingen? Bei demokratischen Prozessen ist für den Einzelnen oft nicht genau nachvollziehbar, wie eine Entscheidung zustande gekommen ist. Die empfundene oder tatsächliche Unwirksamkeit kann das Gefühl von Ohnmacht erzeugen. Es ist daher wichtig zu wissen, warum was wie von wem entschieden wurde – und warum eine Entscheidung einmal auch länger auf sich warten lässt. Demokratie ist nicht effizient. Effizienz fragt nicht nach dem „Warum“, nur nach dem „Wie“. Autokratische Prozesse sind effizient, rasch und leicht nachvollziehbar. Und doch ziehen sie Menschen nicht an. Sie geben keine Hoffnung für die Zukunft.

Hoffnung gibt, wer eine Vision von der Zukunft hat. Schon die Vision an sich wurde leider durch ein oft falsch wiedergegebenes Zitat diskreditiert. Wer Visionen hat, braucht keinen Arzt

– schon gar nicht, wenn die Vision eine Utopie künftigen Zusammenlebens ist. Ohne Utopien können wir nicht über die bestehende Welt hinausblicken, erscheint uns die Gegenwart (und oft noch mehr die gute alte Zeit) als alternativlos. Eine Politik, orientiert allein an den Meinungsumfragen, bringt gewiss kurzfristig Zustimmung, vielleicht aber nur eine taktische abgegebene Leihstimme. Hoffnung weckt sie nicht. „Hoffnung“, so wollen wir am Ende noch einmal auf Václav Havel zurückkommen, „ist nicht die Überzeugung, dass etwas gut ausgeht, sondern die Gewissheit, dass etwas Sinn hat, egal wie es ausgeht“.

Liebe Leser*innen,

bleiben wir in Verbindung!
Wir freuen uns auf Ihre Anregungen, Kritik und Wünsche.
leserbrief@brandstaetterverlag.com

Christian Brandstätter Verlag GmbH & Co KG
Wickenburggasse 26, 1080 Wien
Tel: +43 1 512 15 43-20

Viele weitere Leseinspirationen und Geschenkideen finden Sie unter
www.brandstaetterverlag.com

1. Auflage, 2025

ISBN: 978-3-7106-0873-5

Gestaltung: Peter Manfredini
Lektorat: Teresa Profanter
Projektleitung: Judith E. Innerhofer

Bildnachweis:
Cover: Gianmaria Gava. S. 10/11: Archiv Tarek Leitner. S. 40/41: akg-images / Erich Lessing. S. 83: Barbara Pflaum / brandstaetter images / picturedesk.com. S. 116/117: Bernhard J. Holzner / AP / picturedesk.com. S. 127: Gert Eggenberger / APA / picturedesk.com. S. 20/21; 32/33; 46/47; 60/61; 72/73; 98/99: Votava / brandstaetter images / picturedesk.com. S. 108/109: Elfriede Mejchar, Aus der Serie „Simmeringer Heide und Erdberger Mais“, 1967–1976 © Bildrecht, Wien 2025. Foto: Wien Museum. S. 140/141: HELMUT FOHRINGER / APA / picturedesk.com. S. 154/155: PRIVAT / APA / picturedesk.com. S. 164/165: Willfried Gredler-Oxenbauer / picturedesk.com.

Papier: Salzer EOS 1,5-fach (FSC®- und PEFC-zertifiziert)
Druck: Gerin Druck GmbH, Wolkersdorf (Österreich)